AF542464

TRAITÉ DU JARDINAGE,

QUI ENSEIGNE LES OUVRAGES qu'il faut faire pour avoir un Jardin dans sa perfection, avec la maniere de faire des Pepinieres, greffer, enter, cultiver, tondre, tailler, ébrancher les Arbres, & une Instruction pour faire de longues Allées de promenade, des Bois taillis & autres differentes façons.

Composé par M. BOYCEAU DE LA BARAUDIERE, Intendant des Jardins des Maisons Royales.

A PARIS,
Chez CLAUDE PRUDHOMME, au Palais, au sixiéme Pilier de la Grand' Salle, vis-à-vis la Montée de la Cour des Aides, à la Bonne-Foy couronnée.

M. DCCVII.
AVEC PRIVILEGE DU ROY.

EXTRAIT DU PRIVILEGE du Roy.

PAR Grace & Privilege du Roy, donné à Paris le vingt-neuviéme jour de May 1683. signé par le Roy en son Conseil BOUCHARD. Il est permis à Charles de Sercy, Marchand Libraire à Paris, d'imprimer ou faire imprimer *l'Art de tailler les Arbres fruitiers & autres traitez pour les Jardinages*, pendant le temps de dix années, à compter du jour que chaque traitez seront achevez d'imprimer pour la premiere fois; pendant lequel temps défences sont faites à tous Libraires & Imprimeurs & autres personnes de quelque qualité ou condition qu'elles soient d'imprimer lesdits livres ny en vendre de contrefaits, à peine aux contrevenans de deux mil livres d'amende, payable par chacun des contrevenans, confiscation des exemplaires contrefaits & de tous dépens, dommages & interests : ainsi qu'il est plus au long mentionné dans lesdites lettres.

Registré sur le Livre de la Communauté des Libraires & Imprimeurs de Paris le 11 Juin 168[illegible]. suivant l'Arrest, & celuy du Conseil Privé du Roy du 27. Fevrier 1665.

Signé ANGOT, Syndic.

Achevé d'imprimer pour la premiere fois le 6. Octobre 1688.

TRAITE

TRAITE' DU JARDINAGE.

CHAPITRE I.

De la Terre & de ses differentes qualitez : avec la maniere de les connoître & de l'amender.

SANS nous arrêter icy à toutes les remarques qu'on peut faire sur la vertu que Dieu a donnée à la terre de produire une infinité de plantes differentes selon les divers climats, & sur les sels qu'il y a renfermez, pour en estre les principes & les premieres semences ;

Nous la ferons simplement connoître
dans ses bonnes & ses mauvaises qua-
lirez, & nous verrons par là quelle est
celle qui est est le meilleur fond pour un
Jardin, & qui est la plus propre pour chacune des choses que l'on y peut cultiver.

La Terre est faite par lits & par
couches, l'une sur l'autre de diverses
épaisseurs, mais qui proche de la surface sont ordinairement épaisses d'environ un pied. Il n'y a que la Terre de
la surface, ou qui autrefois en a esté,
qui soit preparée pour la production,
ayant esté temperée par les autres éle-
mens, qui ont eû accez jusqu'à elle ; &
de degré en degré les lits les plus prochains y sont plus ou moins propres. La
bonne est noire, grasse, poreuse, amassée en gros grains qui se tiennent liez
ensemble ; d'où vient qu'on la nomme
terre forte. Il y a de trois sortes de cette terre, differentes en leur fond. L'u-
ne qui a le lit prochain meslé de pierre
vive, dure & cassante, est la meilleure ;
car elle produit tous les arbres & toutes
les plantes qui demandent une grande
nourriture, & le Poirier entre autres
l'aime, & y vient tres grand, s'attachant
profondement à son fond qui est ferme
& mollet, par veines differentes. La

couleur de celle qui decline en bonté, est d'un tané obscur, qui est plus clair dans celle qui decline davantage : Et celle qui est encore d'une condition pire tient du rouge jaunastre, pallissant à mesure que son fond qui est meslé de pierre se découvre. L'autre terre semblable en sa surface à la premiere, a le second lit plus proche composé de tuf, qui sont de petites pierres blanches ramassées & unies ensemble : Et la troisiéme qui luy ressemble aussi, a le fond d'une argille trop liée, & tenant l'eau, ce qui rend ces deux terroirs moins propres aux arbres, à cause que leurs racines ne peuvent penetrer ces deux sortes de fonds pour s'y attacher fortement & profondement, ny le sel vegetant monter par dedans & les penetrer assez facilement, ce qui fait qu'ils se trouvent tous deux insipides. Ces trois sortes de terres portent suivant leurs forces, le froment & les legumes, & ensuite l'orge & l'avoine ; & l'hyeble & les grands chardons y viennent naturellement.

Il y a une autre terre qui est noire aussi, & qui approche de prés de la bonté de la premiere. Elle est plus facile à la culture, ayant le grain menu & sans pierres, ainsi que son second lit.

On l'appelle Varenne douce, & il y a peu d'arbres & de plantes qui ne s'y plaisent; mais entre autres les pruniers: aussi est-elle la plus propre pour les Jardins. Elle porte le froment & les legumes, & declinant en vertu, le segle, l'orge & l'avoine. L'hyeble y vient aussi naturellement, de même que la feugere, ce qui montre sa bonne temperature, l'une croissant naturellement en terre grasse, & l'autre en terre maigre. Une autre terre tient de ces deux qualitez; c'est à dire qu'elle est grasse, graveleuse & mêlée de cailloux, & que son fond est pareil; c'est pourquoy les arbres l'aiment, principalement les Pommiers, les Cerisiers & les Chastaigners. Aux lieux où elle abonde le plus en graisse, elle produit de l'hyeble; & où elle est plus graveleuse, elle porte de la feugere. Une autre toute sablonneuse & sans pierres est propre pour toutes sortes de bleds, mais son fond estant argilleux donne de la mousse aux arbres, & les tuë. Il s'en voit qui est sablonneuse aussi, mais comme son fond est de gros sable, elle est encore moindre pour toutes choses, estant desunie & mal liée, faute de graisse. Enfin il y a de la terre qui a une graisse argilleuse en sa surface,

& dont le fond est de craye, & vaut peu de chose, quel que soit l'usage qu'on en veüille faire.

Dans cette diversité de terroir, ceux qui sont d'argile & de sable estant les moindres, il faut voir comment on peut les amender ; & l'on connoîtra par là ce qu'il faudra faire à l'égard des autres. Pour commencer donc par l'argile, comme elle est d'une composition à ne pas donner lieu à l'eau de la penetrer aisément ; ou qu'aprés en estre imbuë par la longueur du temps, elle ne reçoit aussi qu'avec difficulté les rayons du Soleil necessaires pour la dessecher : il faut que par artifice & par nôtre industrie, nous la rendions capable de recevoir ces deux choses, d'où dépendent la bonté d'une terre ; & que nous la préparions de telle sorte, que la pluye ou la chaleur arrivant, elle soit disposée à profiter également de l'une & de l'autre.

Or c'est ce qui se fera principalement par un bon & profond labourage, qui relevant la terre à hauts seillons, ou mottes en pyramide, donnera moyen à l'air & au Soleil de la penetrer bien avant, & à l'eau celuy de s'incorporer avec elle : & ce labourage doit estre fait en temps ſec, ſoit froid ou chaud, & reïteré avant que la terre ſoit derechef affaiſſée : car toute terre eſtant peſante de ſa nature s'affaiſſe par ſa propre peſanteur, ſi elle n'eſt ſoûlevée.

Nous empêcherons encore ſon affaiſſement, ſi nous la mêlons de fient fait de paille, ou des feüilles, qui ne ſoit qu'à demy pourry ; car il la ſeparera, & en achevant de pourrir, s'échauffant luy même, il aidera à échauffer la froideur qui eſt dans cette terre, outre l'aliment & le ſuc qu'il luy donnera par le ſel dont il eſt pourvû.

La terre ſablonneuſe au contraire n'étant pas aſſez preſſée ny liée enſemble faute de graiſſe, elle laiſſe paſſer l'eau trop promtement ſans en faire profit, & le Soleil venant à la penetrer facilement, il la brûle, parce qu'il n'y trouve que de l'humidité qui tempère ſon ardeur. Cette terre n'a pas beſoin d'un ſi grand labourage ; mais il doit eſtre fait en temps humide ; & il faut y employer du fient gras bien pourry, & laiſſer affaiſſer la terre de ſon poids. Ce fient n'aura mème pas moins de vertu, eſtant employé pardeſſus peu de temps avant la pluye, que ſi on l'enfonçoit dedans ; parce que la pluye venant à le dissoudre, il engraissera la terre en coulant plus lentement, & son suc demeurera en la surface, où il doit faire son effet.

Il se trouve aussi en quelques contrées dans l'interieur de la terre une espece de croye, qu'on appelle marne, laquelle estant mélée avec le sable, est dissoute par l'air & par la pluye, & devient une maniere de pâte avec laquelle le sable prend corps, & se fait plus ferme.

C'est ainsi que suivant la nature & le besoin des terres, nous devons en amender les defauts ; soûlevant l'une quand elle est trop pesante ; raffermissant l'autre qui est trop legere ; engraissant celle qui est trop maigre ; & amaigrissant celle qui est trop grasse ; dessechant de même celle qui a trop d'humidité, & humectant celle qui est trop seche ; enfin échauffant celle qui est trop froide & rafraîchissant celle qui est trop chaude : Et tout cela ou par le moyen des fients differens, ou par le mélange d'une terre avec l'autre, ou en rendant la terre plus facile à estre penetrée du Soleil, ou bien en écoulant les eaux, ou les donnant plus abondantes.

Les meilleures terres ont aussi besoin

de ce souslevement par le labourage, pour remedier à leur pesanteur naturelle, & pour faciliter le mélange des autres elemens ; & ce labourage doit estre fait principalement és saisons temperées, lors même que la terre est en bonne temperature, ni trop seiche, ni trop trempée ; de crainte qu'estant trop seiche, le labourage ne la rende en poussiere, ou qu'estant moüillée elle ne devienne comme de la bouë ou de la paste. L'on connoîtra plus particulierement la qualité des terres, si ayant creusé deux pieds de profondeur, l'on en met une poignée dans un verre que l'on détrempera avec de l'eau de pluye, ou d'autre bonne eau, puis la laissant rassoir, & la terre estant au fond du verre, l'on goûtera de cette eau éclaircie, qui témoignera si la terre est amere, sallée, ou a quelqu'autre mauvaise qualité, qu'elle communiqueroit aux plantes qu'elle nourriroit ; ce qu'on doit éviter, parce qu'il seroit malaisé, ou même impossible d'y remedier. Que si au contraire l'on trouve une odeur ou une saveur agreable & douce dans cette eau, on peut s'assurer que cette terre produira de bons fruits, & que les plantes qu'on luy donnera à nourrir, y viendront parfaitement bien.

CHAPITRE II.

De l'Eau en general, & en particulier.

L'Eau a trop de liaison avec la Terre, & elle contribuë trop à la vegetation des plantes qu'elle produit, aprés avoir participé à ses qualitez, en coulant sur sa surface ou dans ses veines, pour qu'il ne soit pas important de traiter icy de ce qui la regarde.

La meilleure à boire est la plus claire. Elle a de la fraîcheur & une saveur ferme, passant legerement sans laisser aucun goust qu'on puisse discerner. Elle ne doit avoir aucune odeur, ny sa couleur empêcher aucunement celle du vase où elle est vûë. On éprouvera sa bonté, si en boüillant elle s'évapore promtement, ou si estant refroidie, elle ne laisse au fond du vaisseau aucun limon ou gravier. On la reconnoîtra encore, si en jettant des gouttes d'eau dans un bassin bien net & bien poli, elles n'y laissent aucunes taches lorsqu'elles viendront à se secher : comme aussi si les legumes y cuisent facilement : si elle nettoye bien toutes choses en lavant, & adoucit le cuir des mains : si elle reçoit aisement les teintures ; mais principalement si dans son bassin naturel, ou coulant en ruisseau, elle n'engendre ni mousse, ni joncs, ni limon, & qu'elle paroisse claire & nette. Quelquefois elle se trouvera telle dans des puits creusez en bon terroir, mais plus souvent dans des sources, même en celles qui sont dans des costeaux de bon terroir, ou au pied d'iceux, regardant le Levant & le Midy.

Or quoyque celle-cy soit la meilleure pour la culture de la terre, il suffira pourtant, quand on aura de celle qui peut se recouvrer facilement, pourvû qu'elle n'ait point de mauvaises qualitez ; car il s'en trouve de dangereuses, quelques-unes de mortelles, & d'autres qui causent de grandes maladies, comme il y en a reciproquement qui pour avoir passé à travers de certains mineraux, excellent en vertu & en bonnes qualitez : Et ces considerations doivent estre d'un usage d'autant plus grand pour nostre dessein, qu'il n'y a pas de doute que puisque les eaux tirent de la terre ces differentes qualitez, elles ne les communiquent aux fruits & aux plantes qu'elle porte, & les fruits ensuite à ceux qui en usent.

CHAPITRE III.

Des Fients.

COmme les Fients sont propres & utiles pour reparer les defauts de la terre, ainsi que nous l'avons touché, il est necessaire d'en faire distinction, afin que connoissant leur difference, on les puisse employer plus à propos, selon que le besoin l'exigera.

Le fient qui provient des excremens de l'homme est plus temperé & plein de sel qu'aucun autre; & quand il est bien consommé, il est tres propre pour les Orangers, les Citronniers, & les autres plantes que l'on met dans des vases, ou caisses.

Le fient des Chevaux & des Asnes est abondant en une chaleur temperée.

Le fient des Bœufs & des Vaches est frais.

Celuy des Brebis & des Chevres,

eſt plus gras & plus temperé.

Le fient des Pourceaux eſt chaud:

Celuy des Pigeons & des autres volailles, plus chaud encore; & celuy des oyſeaux aquatiques eſt preſque brûlant.

Les boüillons & les laveures d'écuelles, la leſſive, le ſang des animaux & les animaux mêmes, ſervent d'autant de fients temperez & gras. Celuy du marc de vin, & de la lie, a une vertu infinie, tenant des qualitez excellentes, & des eſprits ſubtils, dont la nature a rempli la vigne ſur toute autre plante. Celuy du marc des huiles augmente extrêmement la vertu productive de la terre, mais le trop eſt dangereux, faiſant le même effet en elle, que les choſes trop graſſes font dans noſtre eſtomach. Le fient des autres fruits participe à leurs qualitez, & donne aux mêmes arbres, ou plantes qui les portent, une vertu fort fructifiante. Celuy qui ſe fait des ſirops, & des rafineries de ſucre & de miel, eſt la douceur même, & il eſt tres-propre aux plantes auſquelles on deſire une douceur ſavoureuſe. Celuy qui eſt mélé de ſaumure en donnera le gouſt; Et ſi les plantes particulieres, dont on en pourra faire, abondent en qualitez puissantes, en saveurs, couleurs, ou odeurs agreables, leurs cendres en participeront aussi. La corne des animaux a une grande efficace en terre, l'employant râpée & par coupeaux, comme aussi les ergots & les ongles des brebis & des moutons. Le tan qui a servi à apprester les cuirs y est propre, même celuy qui se fait dans les troncs des saules, quand la pluye qui y entre les pourrit. On peut encore employer la suye des cheminées sur tout pour multiplier les fleurs. Les boües amassées par les ruës & les chemins, bien seichées & évaporées, & employées en terre, augmentent d'autant plus sa bonté, qu'elles ont esté mélées & paîtries long-temps avec le Soleil, l'air & les pluyes. Enfin l'Esté les poussieres des ruës & des chemins sont bonnes aussi, lesquelles n'ayant pas tant de graisse que les fients, sont plus profitables aux vignes, & ne rendent pas le vin gras & huileux, comme font les autres fients en certaines terres grasses de leur nature.

Si l'on a même besoin pour les Orangers, & les autres plantes exquises, qui se mettent dans des caisses & des pots, d'un fient qui ait abondance de ce sel produisant, il s'en fera un excellent, si creusant en terre une fosse de six pieds de large, de quatre de profondeur, & d'une longueur proportionnée à la quantité de fumier dont on aura besoin, vous la remplissez d'une couche de fumier menu bien pourri d'environ deux pouces d'épaisseur, sur laquelle vous en mettrez une autre de pareille hauteur de bonne terre, une autre de marc de vendange, une de fumier de mouton, une autre de fumier de pigeon, & une autre de vache, y mélant les tiges & les feüilles des citroüilles, concombres & melons, même leurs fruits gastez & pourris, continuant à mettre alternativement une couche sur l'autre, jusques à ce que la fosse soit remplie; puis ayant jetté quantité d'eau dessus, vous l'acheverez de couvrir de terre, & la laisserez deux ans se consommer & pourrir, ayant soin d'oster les herbes qui croîtront dessus en abondance. Il sera bon de faire la fosse en un lieu frais, ou proche d'un puits, afin de la pouvoir arroser pour la faire pourrir plûtost, & empêcher que le fumier ne se brûle faute d'humidité; Et par ce moyen vous aurez au bout de deux années un fient gras & bien pourri, qui servira d'un excellent remede aux arbres malades, & d'un grand ſecours aux plus vigoureux. Il ſeroit bien d'en faire toutes les Automnes, afin d'en avoir toûjours de bien conſommé & pourri ; mais ceux ſur tout qui aiment, ou qui ont charge des Orangers, Citronniers, & autres plantes rares qui ſe mettent dans des caiſſes, & qui par conſequent ont beſoin d'une grande nourriture, n'en doivent pas être dépourvûs, puiſqu'ils la trouveront ſuffiſamment dans cette ſorte de fumier. Que rien ne ſe perde donc, & que tout ce qui pourra eſtre employé en fients, ſoit recueilli auſſi ſoigneuſement que le merite l'utilité qu'ils apportent, & ſpecialement les fruits pourris, & qui tombent devant qu'eſtre meurs ; car ils ſerviront aux mêmes arbres, ou à d'autres ſemblables, d'une nourriture propre à leur nature.

Chaque ſorte de fient eſtant ſeparée, doit eſtre miſe en monceaux par un affaiſſement ſoigneux, qui aidera & avancera la pourriture. Le plan de la terre où ils ſeront amoncelez doit eſtre un peu concave, & ferme, afin que leur jus ne ſe perde quand il viendra à couler. Pour cet effet, il ne faut pas que les fiens ſoient mis en un lieu penchant, ny deſſous les goutieres des maiſons ;

de peur que l'abondance d'eau ne les lave, & n'emporte leur bonté : celle des pluyes suffit pour contribuer à leur pourriture. Les fients les plus pourris sont les meilleurs, pour augmenter la vertu productive de la terre, & s'il étoit possible d'attendre leur perfection, on ne devroit les employer que la troisiéme année; & alors ils ne produiroient que de bons effets, tous les inconveniens qui sont dans les fients nouveaux estant passez, comme la puanteur de leur pourriture, qui donne mauvaise odeur & mauvais goust, & leur chaleur excessive qui rend la terre intemperée, tuë les plantes, & engendre des animaux qui les mangent. Cependant les fients nouveaux ne seront pas inutiles, les uns servans d'un bon remede aux arbres, les autres préservant les plantes de la rigueur du froid; ceux-cy faisant germer les graines, ceux-là chassant les mauvaises broüées, & donnant à la terre des secours tres-profitables. Nous avons déja dit, que les fients à demy pourris servent à separer & à échauffer les terres argilleuses trop pressées & trop froides; & quand ils sont achevez de pourrir, ils leur contribuent leur sel & leur vertu. La meilleure saison

ſaiſon pour les employer eſt l'Automne ; car alors le fient eſt diſſout en terre, par les pluyes qui ſurviennent ; & durant l'Hyver il eſt préparé pour la production qui ſe fait au Printemps, étant bien mélé par les labourages. On le peut auſſi employer au Printemps lorſqu'on prepare la terre pour les ſemences & les plantes ; mais l'Eſté il eſt ſeché trop ſoudainement par la chaleur vehemente qui empêche ſa vertu, & ſa propre chaleur ſe rend intemperée par celle de cette ſaiſon.

CHAPITRE IV.

De la ſituation du Jardin.

On doit obſerver la ſituation du Jardin principalement, en trois choſes. Premierement en l'aſpect ſelon les differences des climats. Secondement en la fertilité naturelle de la terre : & en troiſiéme lieu, en la commodité de recouvrer facilement de l'eau pour les arroſemens ordinaires.

Pour ce qui eſt de l'aſpect, ſi nous nous trouvons en un climat fort chaud, celuy du Septentrion moderera en partie la chaleur trop violente ; comme au contraire dans les climats trop froids nous devons chercher l'aspect du Midy, & nous garder du Septentrion, tenant pour maxime qu'en quelque lieu que nous soyons situez, nostre Jardin aura toûjours besoin d'un Soleil favorable pour pouvoir produire ce que nous y voudrons cultiver. Il est vray que s'il est trop violent, il détruit les choses, comme on le voit dans ces contrées, où la chaleur excessive ne laisse pas seulement croistre de l'herbe ; mais il faut éviter cette violence autant que nous pourrons, en nous mettant à couvert, s'il est possible, du plus grand chaud, qui est le Midy, & en rafraîchissant la terre par de frequens arrosemens, afin de luy donner une certaine temperature, moins froide que chaude ; à quoy contribuëront encore l'abondance des plantes & leur ombrage, qui empêchent que la terre ne soit trop desséchée des rayons du Soleil, & qui conservent davantage son humidité.

Si nous sommes en un climat de bonne temperature, comme est en France la hauteur de quarante-cinq degrez, il nous sera bien plus facile d'éviter les inconveniens qui arrivent par l'excez du chaud & du froid, qu'en ceux qui sont plus intemperez, celuy-cy estant suffisamment chaud pour la production de la pluspart des fruits & des plantes que nous avons en usage. Que si nous avons des plantes & des fruits qui demandent un climat encore plus chaud, nous pourrons prendre un côtau qui regarde le Midy, & qui nous defende du Septentrion, lequel joüira encore du Levant & du Couchant, s'il n'y a de l'empêchement d'ailleurs; & par ce moyen il sera éclairé tout le jour d'un grand Soleil: & au defaut d'un côtau, nous éleverons des murailles en ces mêmes aspects, contre lesquelles nous planterons nos espalliers d'arbres fruitiers, nous servant de leur aide & secours, selon le besoin que nos fruits ou nos plantes en pourront avoir.

Les climats chauds comme peut estre la Provence, n'abondent pas en toutes sortes de fruits & de plantes. Ils ont leurs fruits particuliers, comme les citrons, & les oranges, les grenades, les olives, les figues, les raisins & les melons qui aiment ces sortes de climats, parce que ces sortes de fruits sont mieux cuits & mieux assaisonnez par la grande chaleur, que leur saveur, leur odeur & leur couleur en sont plus parfaites que dans les climats plus temperez; & neanmoins si dans ce climat-icy nous apportons toutes les précautions & tous les remedes necessaires, nous aurons tous ces fruits-là suffisamment bons; & les autres fruits & plantes, qui ne demandent qu'une chaleur moderée, seront excellens & abondans, pourvû que la nature de la terre soit capable de les nourrir.

Il y a des terres qui ne sont pas pourvûës naturellement de la nourriture convenable à certaines plantes & à certains fruits, ainsi que nous le voyons en diverses contrées à l'égard de differentes sortes de plantes. Or tout ainsi que la nature demande de la temperature dans la production qu'elle fait, il la faut aussi chercher dans les climats & aspects, où nous nous trouvons situez; & pour choisir une situation favorable, il la faut prendre la plus temperée qui s'offrira, suppléant s'il est possible, par un aspect avantageux au defaut qui se trouveroit au climat.

L'aspect de l'Orient & celuy de l'Occident sont naturellement temperez; c'est pourquoy toutes sortes de fruit viennent tres-bien contre les murailles qui ont ces aspects. Mais on doit surtout estimer l'Orient dans la pluspart des climats, pourvû que les premiers rayons du Soleil efflеurans la surface de la terre, ne traversent pas des lieux marescageux, & ne nous apportent pas ces mauvaises exhalaisons qui s'élevent le matin de ces lieux boüeux & infects; si à midy le Soleil passoit pardessus ces endroits, l'infection seroit évaporée & dessechée par les premiers rayons, & n'apporteroit pas un si grand préjudice, tant à nostre santé, qu'aux arbres & aux plantes de nos Jardins, qui souvent s'en trouvent extrêmement endommagez.

Quant à la terre, il la faut choisir bien fertile, par les qualitez que nous avons remarquées les meilleures, n'ayant pas seulement égard au premier lit de la surface, mais aussi au second & troisiéme, où les arbres s'attachant profondement avec leurs racines, contre l'ébranlement des vents, doivent trouver une nourriture qui n'apporte à leurs fruits aucune substance fâcheuse & contraire, qui puisse changer leur goust, & leurs autres bonnes qualitez, ainsi qu'il s'en trouve. Celle que nous avons nommée varaine douce est plus propre pour les Jardins, elle est ordinairement pourvûë d'une bonne nourriture, de facile culture, propre à recevoir amendement par les fients & arrosemens, & n'apporte aux plantes aucunes mauvaises qualitez; aussi la pluspart s'y plaisent-elles extrêmement.

A l'égard de l'eau, nous desirerions sans raison un Soleil fort chaud pour nôtre Jardin, si nous n'avions l'eau pour temperer sa chaleur, & pour arroser la terre, quand elle, ou les semences que nous luy donnions, en ont besoin. Nous ferons venir cette eau, s'il est possible, d'une situation plus haute que celle du Jardin, afin de l'y conduire plus facilement, soit en ruisseau coulant sur terre, ou en tuyaux couverts. Il n'importe de quelle matiere soient ces tuyaux, pourvû qu'ils nous amenent quantité d'eau, car il en faut quelquefois en grande abondance pour un arrosement general de tout le Jardin, jusques à le couvrir d'eau pour peu de temps; parce que la terre est si alterée que par un autre arrosement on ne pourroit l'humecter suffisamment, & le peu d'arrosement apporte souvent préjudice: le Jardinier prudent en sçaura user par discretion, ainſi que nous le dirons en parlant des arroſemens.

Il faut auſſi qu'amenant l'eau abondante en noſtre Jardin, elle ait ſon écoulement facile & continuel par une pente qui la portera dehors, & qui empêchera l'incommodité qu'elle nous donneroit en s'arrêtant trop long-temps dans le Jardin. Si nous trouvons donc une douce colline en un bon aſpect ſelon le climat, en laquelle ſorte une bonne ſource continuelle, ou un ruiſſeau coulant, nous prendrons la ſituation de noſtre Jardin, au deſſous de cette ſource, ou de ce ruiſſeau, afin d'y pouvoir conduire l'eau, & le bas de la colline au deſſous du Jardin, ſervira pour la décharge & écoulement ordinaire de l'eau, qui autrement nous apporteroit de l'incommodité. Car l'excellence de l'arroſement eſt d'avoir l'eau commode & abondante pour en uſer ſelon le beſoin. Cette demie hauteur de colline nous donnera encore de la commodité pour recevoir un bon air, ſalubre & de bon temperament, celuy du fond des vallées eſtant ordinairement étouffé par la reverberation des rayons du Soleil, cauſée par les montagnes, & les autres hauteurs qui ſe rencontrent aux environs, qui empêchent le vent de purifier l'air, & de le rafraîchir, dont les arbres & les plantes n'ont pas moins de besoin pour les tenir en bon estat, que les hommes mêmes pour leur santé : mais la cime & la hauteur entiere de la colline, se trouve au contraire souvent trop éventée & trop rafraîchie : la force des vents y est trop violente, secoüant les arbres avant que les fruits soient meurs, rompant leurs branches qui en sont chargées, & donnant trop de peine aux racines de s'attacher profondement contre les ébranlemens qui peuvent arriver quelquefois en un mauvais terroir. Il sera encore besoin qu'en cette demie-hauteur de colline il se trouve assez du plain, soit naturel, ou fait par art, afin que les allées & promenoirs y soient de niveau, beaux & faciles, & qu'arrivant des ravines & des pluyes trop fortes, elles n'emmenent les terres en bas, comme elles feroient, si la situation estoit trop penchante. C'est pourquoy s'il dépend de nous de choisir à nostre gré la situation d'un Jardin, nous aurons premierement égard au climat, & suivant iceluy nous choisirons l'aspect convenable ; nous prendrons principalement un terroir naturellement

rellement fecond, ayant la commodité de l'eau, & l'élevation en un air temperé, qui sont des choses qui ne se rencontrent pas toûjours comme il seroit à souhaiter : mais chacun en approchera le plus prés qu'il pourra, s'il veut joüir des bien-faits de la nature avec moins de peine.

CHAPITRE V.

Du Jardinier, & de ce qu'il doit observer dans son travail.

IL faut tant de qualités pour former un Jardinier habile, que ce n'est pas ce que nous nous proposons de décrire icy. Nous ne parlerons donc point des principes qu'il seroit bon qu'il eût, du dessein de la Geometrie, de l'Arithmetique, de l'Architecture, même de l'Astronomie, & des autres sciences, dont les connoissances luy sont fort utiles; les unes pour tracer les compartimens, les feüillages, les plans, les mesures & les alignemens qui font la beauté & la regularité d'un Jardin ; & les autres pour discerner la difference des Climats &

des aspects, celle des vents, & de la Lune, & les saisons propres pour semer les graines & pour donner aux plantes la culture qu'elles demandent.

Comme un jeune homme élevé de bonne heure sous un Jardinier experimenté pour avoir acquis suffisamment ces sortes de lumieres; Nous nous contenterons de dire que c'est fort bien choisir que de luy confier un jardin: Et si c'en est un pour le plaisir & l'utilité tout ensemble, on peut sur tout prendre un homme nourri & instruit dans les jardins potagers des marais aux environs de Paris; parce que les Maîtres qui les tiennent entendent parfaitement cette maniere de jardinage.

Le travail du Jardinier êtant la chose la plus universelle qu'on demande de luy, il faut voir comment il s'y doit prendre.

Premierement il doit soulever la terre, qui par sa propre pesanteur s'affaisse & durcit, & qui par le labourage & remuëment est renduë plus capable des diverses productions qu'on luy veut faire faire; acquerant par là cette temperature, & cette union avec les autres elemens qui la rend fertile pour y parvenir nous devons avoir égard aux climats, &

aux aſpects des lieux où nous nous trouvons ſituez, & à ceux que nous pouvons choiſir, afin d'amender en eux par artifice ce que nous pourrons de leur défaut.

Le choix des terres doit encore être extremement conſideré, tant pour celle de la ſurface que des autres lits prochains; car celle qui eſt naturellement feconde épargne bien de la peine quand il faut en reparer les défauts. Si elle eſt trop ſeiche, il luy faut un champ plain, & uni pour recevoir & retenir l'eau de la pluye, ou autre que l'on pourroit luy donner; & au contraire la terre trop humide demande un champ penchant qui écoule les eaux, diſpoſant les ſeillons & les planches d'une maniere propre pour cet effet.

Pour les amendemens de la terre avec les cendres & les fiens, il en faut faire une bonne proviſion, y ayant peu de terres qui n'en ayent beſoin; à cauſe qu'elles y trouvent un grand ſecours, quand nous les employons à propos; ces fients renfermans les principes & les qualités des corps dont ils ſont provenus, qui n'ont pû être conſommez par le feu, & par la pourriture; ce qui contribuë merveilleuſement aux nouvelles plantes & aux fruits qu'on veut faire porter à la terre qui en est engraissée.

Le Jardinier doit encore observer de faire sa besogne en beaux jours clairs & nets, lors qu'il soufle un vent propre à nettoyer l'air, soit en labourant, semant, taillant, plantant, & entant; ainsi il ne doit perdre aucune occasion de s'employer à ce qu'il pretend, pour observer tant de particularitez qui y conviennent, & qui ne se rencontrent pas souvent ensemble.

Les saisons & l'état de la Lune, sont d'autres considerations ausquelles il faut avoir égard. Par exemple, pour arracher les arbres, qu'on veut transplanter, & pour couper les greffes qu'on veut enter, il faut la vieille Lune; pour transplanter & enter, on doit le faire en la nouvelle, & toûjours en un beau temps, avant que la séve monte, & le plus prés de ce temps-là qu'il se peut; les semences qui sont pour produire des plantes grandes & hautes, doivent de même, être semées à la fin & au commencement de la Lune, & celles que l'on veut retenir basses & affaissées, comme les Laituës & Choux pommez, doivent être semées & transplantées en pleine Lune.

Pour les arrosemens heureux celuy qui a en abondonce, l'eau plus haute que son jardin, afin qu'elle y puisse couler quand il luy plaira & non autrement, & qui a encore de la pente pour l'écouler au dehors, quand la terre est suffisamment trempée; sinon il faut avoir recours aux puits, aux pouseragues, & aux autres inventions d'élever l'eau, & s'aydant de l'arrosoir ordinaire, arroser quand il en sera besoin.

Il y a des plantes qui ne sont en leur perfection, ou leurs fruits dans leur maturité que bien tard & prés de l'Hyver, & si la gelée les surprend, ils sont perdus. A ceux-là il faut un couvert, sous lequel ils puissent être transplantez en terre, où ils achevent de venir à perfection; mais il seroit necessaire que durant le reste des saisons, le Soleil & la pluye vissent toûjours le terroir pour le rendre fructueux. Les Choux-fleurs & les Artichaux sont des plantes de cette nature, de même que de petits arbres & arbrisseaux qui veulent le couvert pour passer l'hyver seurement: Ils se portent mieux y étant plantez en terre, avec la motte, que dans des pots & des caisses, & au Printemps il faudra les remettre en une autre terre en grand air; mais l'un & l'autre de ces remuëmens, & changemens de terre, doit être fait promptement, sans que les racines s'éventent, ou soient alterées par l'air.

Nous demandons que la terre soit bien fertile, & la plûpart de nôtre travail tend à cela; mais elle porte ordinairement plus que nous ne voudrions: car ne se contentant pas de ce que nous luy donnons à nourrir, elle produit d'autres plantes naturelles en divers terroirs, qui gâtent & endommagent nôtre travail, mangeant la nourriture de celles que nous desirons; & cela est cause que le Jardinier n'employe pas moins de temps à ôter & à extirper cette production sauvage ou naturelle, qu'à toute son œuvre. Le liseron & le chiendent luy donnent entr'autres bien de la peine, ayant la vie forte, & la durée longue. Ils entrent profondement en terre, & la couvrent en peu de temps; & il y en a plusieurs autres semblables, ausquelles il ne sert gueres le plus souvent de sarcler & de ratisser, mais il en faut venir à un profond labourage, cherchant jusques aux dernieres racines.

Ce n'est pas encore tout: Il faut se garder du ravage de ces animaux fâcheux, qui mangent & broutent nos bonnes plantes.

Elles ne sont pas nées qu'elles ont les loches & les limassons, qui les cherchent, les taupes & les mulots les mangent en terre aussi bien que les graines; les anetons, & les cantarides vont au plus hauts des arbres devorer tout; mais les chenilles de plusieurs sortes détruisent, non seulement un jardin, mais toute une Contrée & une Province entiere, si avec un soin singulier & à propos, on ne cherche des remedes contre ces pestes des jardins. Les poux, les barbots, les fourmis & plusieurs autres insectes sont encore fort incommodes; c'est pourquoy un Jardinier n'a pas beaucoup de temps à perdre; car aprés les plans & les semences viennent la taille & le rejaquetage. Il faut redresser les espaliers & les palissades, & les tondre, ensuite de même que les bordures moyennes des parterres; Et comme tout cela & plusieurs autres choses demandent les saisons favorables & le temps commode, car un Jardinier en perdroit souvent les plus belles occasions, s'il n'étoit diligent & soigneux, patient au travail, & prevoyant a éviter tout ce qui pourroit luy en faire perdre le fruit.

CHAPITRE VI.

Des Arbres, & premierement des Pepinieres.

IL n'y a personne qui ne sçache que les Arbres ont leurs termes & leurs limites assignez comme toutes les autres choses perissables ; Quelques-uns durent plus long-temps & d'autres moins ; qu'on doit observer leur êtat & leur âge, selon l'usage qu'on en veut faire ; & que nous pouvons contribuer par nôtre industrie à la perfection de leur forme & de leurs fruits. L'on n'ignore pas non plus la maniere dont ils germent & poussent leurs branches, & leurs racines ; ni comme ils font connoître la qualité du terroir où ils sont, sçavoir par une écorce lisse & unie, par un bois poreux & enflé, par des branches longues & des feüilles larges, si c'est une bonne terre, & par des dispositions contraires & opposées, si elle est mauvaise, argilleuse ou pleine de tuf. Qui ne sçait encore que la substance qu'ils rencontrent est quelquefois d'une si méchante condition qu'elle les fait mourir tout d'un coup : Que d'autres fois l'air eſt tellement infecté par les vents, ou plein de broüées & de mauvaiſes exhalaiſons que les Arbres qui les reſpirent pour ainſi parler, en perdent tantôt leurs fleurs & tantôt leurs fruits ſouvent prés de leur maturité : Que la ſechereſſe & le trop d'humidité, leur peuvent être nuiſibles : Qu'un ver qui s'engendre entre l'écorce & le bois eſt capable de les perdre : Qu'un effort de fecondité à porter trop de fruits, peut même abreger leur durée ; Et qu'enfin ils ſont ſujets à quantité d'autres inconveniens ſur leſquels un Jardinier doit être vigilant, afin d'y apporter s'il le peut, un promt remede.

Laiſſant donc ces connoiſſances generales qui ne ſeroient pas d'une grande utilité, nous parlerons d'abord de ce qu'il faut obſerver pour les pepinieres, & nous remarquerõs en premier lieu qu'il y a des arbres qui ne viennent que de ſemence, que d'autres jettent du pied & de leurs racines, que quelques-uns ſe provignent ; & que d'autres enfin viennent de bouture.

Pour ce qui eſt de la pepiniere, elle doit être miſe en grand air, & en une terre cultivée d'un labourage profond

& réïteré plusieurs fois ; afin que les jeunes & tendres racines y trouvent un facile accez, & que la terre n'ayant produit de long-temps, prenne plaisir aux semences qui luy seront données : mais il n'est pas besoin qu'elle soit des plus abondantes en substance, afin que les arbres en trouvent une meilleure, quand ils seront changez de place : car s'il arrivoit autrement, ils ne deviendroient de long-temps beaux & vigoureux, apres avoir été transplantez. Or si nous voulons avoir des arbres par le moyen des semences, il sera bon de faire choix & distinction de leurs qualitez, afin que quand nous voudrons nous en servir, & les mettre en la place où ils devront demeurer, pour nous donner du plaisir & du profit, nous sçachions quels il doivent être ; ou que quand nous le voudrons enter nous ayons égard à ce qu'ils sont pour y employer des greffes qui conviennent à leur nature, & a nôtre intention : car quoy que le greffe forme l'espece, le tronc ne laisse pas de contribuer beaucoup de la sienne, puis que toute la nourriture est premierement attirée & recueillie par luy, & même digerée en partie, & renduë propre à son espece

Choiſiſſons donc les pepins des meilleures Pommes, & des meilleures Poires, auſſi bien que les noyaux des meilleures Prunes, Peſches, & Abricots, & les mettons à part ſelon leurs qualitez, ſeparant les rouges d'avec les blanches & rouſſes, les groſſes d'avec les petites, les dures d'avec les molles, les plus humides d'avec celles qui ne le ſont pas tant, les douces d'avec les aigres, & ainſi des autres, afin de nous en ſervir quand nous en aurons beſoin, ſelon ce à quoy nous les voudrons employer. Les pepins ſeront ſemez au commencement du Printemps, en la Lune vieille, en beau temps, & par lignes ou rayons. Ils pouſſeront plûtôt, ſi avant que d'être ſemez, ils ont été moüillez & tenus enſemble un pouce ou deux d'épaiſſeur, juſqu'à ce qu'ils commencent à germer, s'échauffant l'un l'autre; & quand ils le feront tout-à-fait, il les faut ſercler avec ſoin, afin d'empêcher les autres herbes de leur ôter leur nourriture, ou de les ſuffoquer. Apres qu'ils ont un an ou deux, il les faut tranſplanter, les diſpoſant en ordre, & leur donnant de l'eſpace pour croître & groſſir; & quand ils ſeront plus avancez en âge, s'ils montent haut, il ſera bon de les couper à un pied de terre, pour les faire renforcer, & groſſir : ils s'accommoderont mieux à cela, & ne le trouveront pas ſi étrange que ſi vous veniez a les couper ſi bas pour les enter, comme nous dirons qu'il en eſt de beſoin. Si vous avez du lieu pour les mettre où ils doivent demeurer, il vaudra mieux les tranſplanter ſauvages, que de les hazarder & rendre malades apres avoir êté entez Je les appelle ſauvages, dautant qu'ils en tiennent, quoy qu'ils ſoient provenus d'un fruit franc, & qu'ils en conſervent l'eſpece, mais plus defectueuſe que quand ils auront êté entez. Bien davantage, ſi vous ſemez les pepins, ou les noyaux du fruit d'un arbre qui auroit êté enté ſur un ſauvageon, le fruit qui proviendra de cette ſemence, tiendra du ſauvageon en partie, & en partie du franc (gardant l'eſpece du greffe duquel êtoit provenu le pepin) parce que le pepin ou noyau qui eſt produit pour perpetuer l'eſpece, participe davantage de toutes les parties de l'arbre, que ne fait le reſte du fruit dont la nature eſt changée par le greffe. C'eſt ainſi que j'ay veu un pepin de pomme de Calville, laquelle eſt rouge dedans & dehors, produire un arbre qui a porté fruit devant que d'être enté ny transplanté. Son fruit êtoit de la forme de la Calville, long, fait à douves, & froncé par la tête, mais blanc dedans & dehors, ayant seulement peu de petites taches rouges sur sa peau luisante. Son goût, son odeur, & la nature de sa chair tenoit en partie de la Calville, & en partie de la Renette, qui est une pomme blanche ; & ce mélange êtoit provenu de la pomme de Calville entée sur un pommier de Renette, dont le pepin tenoit des deux qualitez. J'ay encore veu un noyau de Pavis, qui est jaune, & le noyau rouge, produire un arbre, qui sans être enté en sa troisiéme & quatriême année, porta son fruit blanc dedans & dehors ; puis il le porta les années suivantes jaune & rouge, vray Pavis. Cette diversité provenoit d'un Pavis enté sur un Persique blanc, le noyau planté ayant retenu les deux natures, qu'il fit paroître separées, en produisant le premier fruit moindre en sa foiblesse & aux premieres années, de la nature du tronc, & êtant venu plus fort & plus âgé, il fut de la nature du greffe, plus ferme de goût & de couleur.

Pour ce qui est de semer les noyaux, il y a des hommes si soigneux, qu'ils ont pris garde de quel sens ils les mettoient en terre, pour donner lieu au germe de sortir plus commodement, & avec moins de peine: mais puis qu'il est impossible de connoître quel côté sera la racine, & lequel sera la tige, il suffira pour toute diligence que nous y puissions apporter, de les poser en terre, à deux pouces de profondeur, leur longueur êtant couchée de plat. Que si vous en avez d'excellent fruit, que vous ne vouliez hazarder en terre aux taupes & mulots, & aux autres accidens, il les faut mettre dans un grand pot qu'il faut bien couvrir, & l'enterrer environ deux pieds dans terre; ou bien il faut faire une fosse de la même profondeur, dont vous garnirez le fonds & les côtez avec des tuiles, afin que les taupes & les mulots n'y puissent aller; & ayant mis vos noyaux dedans, vous les recouvrirez soigneusement avec des tuiles, & de la terre par dessus, & les laisserez là durant l'hyver, lequel passé vous découvrirez vôtre cachette, & trouverez germez tous les noyaux qui seront bons, lesquels vous planterez au lieu où vous voulez qu'ils demeurent. Ils naîtront plûtôt si l'os êtant cassé, vous plantez le noyau sans avoir été offensé, ou l'ayant fait ouvrir, par la chaleur du fient moite. On en peut user ainsi à l'égard des Noix & des Amendes ; mais elles demandent d'être mises au lieu, où vous desirez l'arbre pour toûjours, car ils craignent le transplanter plus que tous autres : Et de fait, si vous prenez un Noyer en l'âge de six ans, & qu'au même jour vous le transplantiez en plantant une Noix proche de luy, douze ans apres le Noyer venu de la Noix sera plus grand que l'autre, quoy qu'il ait un tier moins d'âge. Quelques uns pour les rendre plus faciles à être transplantez, ont mis une pierre platte dessous la Noix, en la plantant, afin que sa racine qui entre droit & profondement en terre en soit détournée, & que par ce moyen l'arbre soit plus aisé à arracher : mais cela n'empêche pas la maladie qu'il en reçoit, & il vaut mieux faire comme je dis. Les Chastaignes & les glands sont semez à pareille profondeur, & viennent fort bien en terre preparée. A l'égard des autres sortes d'arbres, qui viennent de semence, comme les Orangers, les Lauriers, les Ciprez, les Meuriers, & plusieurs autres, il en faut user diversement & nous dirions la maniere qu'il y faut garder, si la necessité de parler en même temps de la nature de chacun d'eux, ne nous dispensoit de ce détail dans la briéveté que nous nous sommes proposée.

CHAPITRE VII.

De diverses façons d'affier les arbres.

OUtre la semence par laquelle la pluspart des arbres continuent leur espece, & se multiplient, il y en a qui le font encore par une autre voye, poussant du pied & des racines des rejettons qu'ils nourrissent, jusques à ce qu'ils soient aussi pourvûs de racines; Et ces rejettons étant forts on les leve & on les transplante: D'autres se provignent eux mêmes, tombant en terre par leur foiblesse, & ils y font des nouvelles racines, la Nature montrant par là aux hommes, une maniere bien assûrée, & bien promte, d'affier les arbres, sans rien perdre de leurs qualitez. Nous ferons donc les provins, en couchant une ou plusieurs branches d'arbres en terre, sans les couper de la souche, d'où elles prennent nourriture, jusques à ce

qu'ayant

qu'ayant jetté des racines elles se nourrissent elles-memes : car la branche couchée en terre, sentant cette vertu generante, dont elle est entourée, qui la chatoüille, pour ainsi dire & qui la picotte, elle cherche d'entrer en elle, afin que par son moyen elle voye l'air, & fructifie selon sa nature, qui tend perpetuellement à la production & à la generation ; & trouvant un aliment pour sa nourriture plus proche, & plus commode, que d'en attendre des vieilles & longues racines de sa souche, elle se prepare à la recevoir, & forme des racines propres à la succer, aprés quoy elle se prevaut d'elle-même, & n'a plus besoin de la nourriture du vieil tronc. Or si mettant la branche en terre, vous la tordez, ouvrez, ou fendez, vous rendez par ce moyen la plante plus sensible à la nourriture de la terre, & vous donnez à la nourriture un accez plus facile en la plante, & à la plante encore plus de facilité à produire des racines : lesquelles êtant venuës, dés la seconde ou troisiéme année vous ôtez le provin, l'arrachant & le coupant du corps de la souche où il tient encore, puis vous la transplantez de la maniere que nous le dirons pour tous autres arbres.

Que si l'arbre dont vous voulez avoir de la race, avoit les branches si hautes, qu'elles ne pûssent être couchées en terre, vous éleverez des vaisseaux pleins de terre, au travers desquels vous ferez passer les branches preparées comme nous l'avons dit ; ou seulement en mettant le bout de la branche en terre, il prend racine & rejette en arriere.

Il y a des arbres si propres à recevoir nourriture, & qui ont un tel appetit, qu'en quelque façon qu'ils soient mis en terre, ils profitent extremement êtant promts à pousser des racines. Les aquatiques sont entre autres de cette nature; car si vous en prenez une branche grosse comme le bras ou la jambe, & que l'ayant fait pointuë pour donner plus de faces à la coupe de l'écorce, vous la mettiez en terre à un pied & demy de profondeur, elle se nourrit, jette des racines, & devient un arbre : mais prenez garde de ne luy pas laisser la tige trop longue ; parce qu'elle ne pourroit succer autant de nourriture qu'il seroit besoin.

Plusieurs arbres, arbrisseaux, & arbustes viennent aussi fort facilement, leurs menuës branches êtant seulement mises en terre avec la fiche, ou en rayon, sans que de mille il en meure un ; & cette façon est appellée bouture : les branches les plus proches de la terre, sont les plus propres à cette maniere.

D'autres sont plantez de marcottes qui sont des branches du dernier jet, accompagné de peu de vieux bois, lequel apres avoir coupé fort rond, il le faut fendre & ouvrir avec une petite pierre, un grain d'avoine, ou une feve, le poser en terre, en demy cercle, & laisser quatre doigts de la branche à l'air pour pousser son jet.

Toutes ces manieres de planter se doivent faire aux Equinoxes, à la fin de l'Esté, & à la fin de l'Hyver, en coupant les branches en vieille Lune, & les plantant en la nouvelle dés les premiers jours, ainsi que nous le dirons au Chapitre suivant.

CHAPITRE VIII.

De la maniere de transplanter les arbres.

NOus avons parlé de la naissance des arbres, & des moyens de planter; maintenant nous dirons ce qui nous ſemble de la maniere de les transplanter, ſoit que pour nôtre plaiſir & commodité nous en voulions mettre aux lieux où il n'y en a point, ou que pour la commodité des arbres, nous les voulions changer de terrain. Pour cet effet nous devons ſçavoir que l'arbre ne peut être arraché, qu'il ne ſoit en danger de mourir, ou que pour le moins, il n'en acquiere une grande maladie; car en l'arrachant vous luy ôtez toutes les extremitez de ſes racines, qui ſont foibles & tendres, avec leſquelles il avoit accoûtumé de prendre nourriture & vous luy coupez même la plûpart des groſſes, qui l'affermiſſoient en terre contre l'ébranlement des vents, & les autres choſes, que les arbres craignent, l'affermiſſement & le repos qu'ils prennent en terre, faiſant la ſeureté de leur vie.

Ayant donc coupé la pluſpart de ces racines, il faut neceſſairement luy couper les branches, dont le poids & le mouvement ne laiſſeront ſon pied ny ferme ny en repos: Mais il y a plus, dequoy les nourriroit il, puis que tous les moyens que la nature luy donne pour ſe nourrir, luy ſont ôtez, l'arbre n'ayant pas moins de racines à proportion, pour ſuccer ſa nourriture, qu'il a de branches à la diſtribuër? Si nous voulions donc ſuivre la Nature, qui eſt ſi ſage, & ſi grande maîtreſſe, nous ne laiſſerions à l'arbre, en le tranſplantant, plus de tige, ny plus de branches que ſeroient longues ſes racines, prenant un milieu d'où il diſtribuât ſa vertu moitié vers la terre, & moitié en l'air. Or ce milieu doit être à trois pouces de profondeur, ſuivant que la nature a poſé là ſon commencement: Que ſi vous le mettez plus profond, alors ne s'aydant des vieilles racines, il en pouſſera de nouvelles de ſa tige plus proche de la ſurface de la terre, & il laiſſera mourir les autres, qui luy causeront une autre maladie par leur pourriture. Il faut auſſi regarder ſon âge, & ſe gouverner là-deſſus, car dés qu'il ſera parvenu à ſa perfection, il n'eſt plus temps de le tranſplanter; & s'il eſt trop jeune il n'a pas tant de force pour ſupporter l'incommodité & maladie, que quand il eſt avancé en âge. C'eſt pourquoy ſi vous êtes libre du choix, il le faut prendre dans ſa croiſſance, fort & vigoureux, de belle venuë, bien appuyé ſur ſes racines de tous côtez, ne luy laiſſant quoy qu'il ſoit gros de trois ou quatre pouces de diametre, gueres plus de huit à neuf pieds de tige : s'il a deux pouces de grosseur, six à sept pieds de haut suffiront : S'il n'a qu'un pouce de grosseur, il luy faut trois pieds tout au plus ; & s'il a moins, vous devez toûjours diminuer sa hauteur, afin de ne pas luy donner plus à nourrir qu'il n'auroit de forces pour succer. Il importe grandement de prendre l'arbre en un lieu bien aëré pour le remettre en grand air, comme aussi de tirer d'une terre plus aride & plus dure que celle où vous voulez le mettre, cette terre doit être preparée long-temps auparavant, sçavoir un an s'il est possible, & plus ; afin que la mauvaise disposition ou intemperie qui est au second lit de terre (dans lequel il faut creuser) soit rabillée par l'air, par les pluyes, & par un long Soleil, & les gelées même & la neige y ayderont. Si vous n'avez qu'un arbre à planter, faites-luy une fosse large & profonde : si vous en voulez planter plusieurs sur une même ligne, qui soient forts, quand même vous les mettriez à douze, quinze, ou dix-huit pieds loin l'un de l'autre, il sera bon de faire un fossé continué pour tous, qui soit large & profond, selon la qualité des arbres & de la terre, étant necessaire de faire la rigolle plus grande en mauvaiſe terre qu'en la bonne, & le plus long-temps que vous le pourrez faire avant que de planter, ſera le meilleur; parceque la terre que vous tirerez du foſſé ſera amendée par la frequentation des autres elemens; ſon fonds ſera evaporé; & les racines des arbres trouveront toûjours cette terre retournée plus facile à penetrer, en y cherchant leur nourriture. Faiſant cette foſſe, ou rigolle, il faut ſeparer la terre qui en ſera tirée, mettant d'un côté celle de la ſurface, qui eſt la meilleure, pour la mettre deſſous & immediatement deſſus les racines de l'arbre, & l'autre achevera de remplir la foſſe. La raiſon que nous avons de conſeiller à tous ceux qui veulent planter comme il faut, de faire des foſſes ou rigolles, & non des trous, comme la pluſpart font, quoy qu'il coûte un peu davantage, du moins à ce qu'il ſemble d'abord, c'eſt que les racines des arbres plantez dans des trous, s'ils ne ſont fort grands, trouvent incontinent la terre dure & ferme, de ſorte qu'elles n'ont la force de la percer pour prendre leur nourriture, ce qui les fait languir & avorter, & à la fin mourir. Or cela n'arrive pas à ceux qui ſont plantez au milieu de la rigolle, parce que trouvant la terre mouvée de part & d'autre, les racines la ſuivent, & y prenant leur nourriture à plaiſir ils pouſſent un beau jet, trouvant plus de terre remuée le long de la rigolle, que les racines n'en peuvent occuper de long temps, ce qui les empêche d'aller chercher les côtez.

Il n'eſt pas bon de planter en toutes ſaiſons, car celles de l'Eſté & de l'Hyver n'y ſont pas propres, à cauſe du chaud & du froid exceſſifs. Les premiers jours du Printemps, & les premiers jours de l'Automne ſont les meilleurs, pour la bonne temperature de l'air, qui regne en ces temps, où la nature travaille avec diligence, au Printemps pour pouſſer, & en l'Automne pour ſe refaire & ſe pourvoir, par une ſéve qui ſe fait alors, & qui eſt amortie par le froid qui ſurvient plûtôt en l'air qu'en terre. Ainſi les premiers jours de l'Automne ſont propres à tranſplanter, car les playes que vous aurez fait à l'arbre, tant aux racines qu'aux branches, ſeront incontinent conſolidées par cette ſéve, & par le temps doux qui y eſt propre. L'arbre qui ſe trouvera eſtropié de tous côtez, jettera premierement des racines, (trouvant plus de temperature en terre, qu'en l'air) l'air) afin de faire provision de nourriture pour la saison prochaine & de s'affermir sur son pied ; au lieu que l'Esté & l'Hyver, la nature est arrêtée par l'intemperie de ces saisons, & l'arbre demeurant long-temps sans rien faire, n'a pas assez de force pour en soûtenir les rigueurs. Mais le Printemps sera encore plus propre pour transplanter, dautant que l'arbre ayant demeuré l'Hyver en sa terre naturelle se sera pourvû de nourriture pour pousser au Printemps, comme il avoit accoûtumé, & aussi-tôt qu'il sera remis en terre, il commencera à bien faire : Mais aussi il y aura du danger des chaleurs & hâle du Printemps, ausquels il faudra pourvoir par un arrosement abondant, comme nous dirons cy-aprés. D'ailleurs l'état de la Lune doit étre aussi consideré, car il n'est pas raisonnable de lever l'arbre hors de terre, & de luy couper les branches & les racines, durant qu'il est plein d'humeur, ce qui se trouve au plein de la Lune ; autrement cette humeur & cette nourriture s'évaporent à l'air, par les playes qu'il a receuës, & par les racines, qui ont accoûtumé d'étre couvertes & environnées de terre, & que le grand air évente alors : Et même quand un vent de

Midy, ou autre ſemblable, laiſſe les pores ouverts, & amene des humiditez & des pluyes, la nature ſe fâche de cette perte de ſubſtance qui eſt ſon treſor; ainſi il vaut mieux la prendre lors qu'elle en eſt moins pourveuë, & qu'elle eſt diſpoſée à s'en pourvoir, afin qu'incontinent elle travaille à cela quand vous luy en aurez donné le temps & le loiſir.

Vous prendrez donc garde à la fin de l'Hyver, & à la fin de l'Eſté, quand le grand chaud & le grand froid ſont paſſez, ce qui eſt environ la my-Septembre & Octobre, & entre Février & Mars, ſelon les climats; Et vous obſerverez l'état de la Lune à trois ou quatre jours de ſa vieilleſſe, lors qu'il ſouflera un vent Septentrionnal, qui rende l'air beau & net, & qui reſſerre les pores. Dans ce temps-là vous arracherez vos arbres le plus ſoigneuſement que vous pourrez, coupant plûtôt les racines avec la ſerpe tranchante, que de les meurtrir avec le hoyau: Laiſſez les d'un pied de long, plus ou moins, ſelon l'âge & groſſeur de l'arbre; tranſportez-les tandis que la Lune renouvelle, & dés ſon premier, ou ſecond jour, les ayant bien émondez & rafraîchi le bout des racines, coupé celles qui ſe trouveront rompuës ou froissées, plantez-les bien droits & à plomb au milieu de vôtre rigolle, mettant de la terre suffisamment au fond d'icelle; afin que l'arbre ne se trouve enterré plus profond de deux pouces, qu'il n'avoit accoûtumé, ny gueres moins aussi; Et remplissant tout le vuide & prenant bien garde qu'il ne demeure de l'air entre les racines qui leur apporte une moisissure qui les fait mourir, vous foulerez la terre par dessus afin d'affermir l'arbre & le couvrirez bien, ne luy laissant plus de six pieds de tige hors de terre. Il se pourra faire si vous n'avez que peu d'arbres à changer de place proche l'une de l'autre, que vous épargnerez à l'arbre, ses racines & ses branches, en observant cette pratique. Durant l'Hyver, & peu de jours devant qu'il gele serré, faites quatre tranchées autour du pied de l'arbre que vous voudrez transporter, qui s'aboutissent l'une à l'autre, & autant éloignées du pied, que vous jugerez que s'étendront ses racines, ce qui sera un peu moins que ses branches. Environnez ce carré avec de forts ais, enclavez l'un dans l'autre aux angles où ils se rencontreront; puis quand la forte gelée sera venuë & que la terre se tiendra ferme comme une pierre, creuſez par deſſous les racines de l'arbre, ſeparant tout le carré d'avec le reſte de la terre, & enſuite avec quelque machine à élever des fardeaux, tirez vôtre arbre hors de la tranchée, avec la terre contenuë entre les ais; poſez-le ſur des rouleaux, & l'ayant pouſſé vers la foſſe que vous aurez preparée pour loger ce carré de terre, placez-le dans l'allignement que vous aurez projetté; aprés quoy ôtez les ais & rempliſſez le vuide; vous devez croire que l'arbre ne ſe reſſentira nullement de ce changement, du moins ſi vous le poſez au même aſpect qu'il avoit accoûtumé d'être.

Les arbres ont fort bonne grace étans plantez à la ligne par diſtances égales, ou quand s'accommodant à leurs formes particulieres, ſelon leurs eſpeces, vous les entremélez, variant les diſtances, avec la qualité de chacun; pourveu que cela ſe faſſe par bon ordre & avec raiſon, & en obſervant une parfaite ſymmetrie. Mais je ne puis approuver l'ordre preſſé en échequier, ou des allées en tous ſens, pour les arbres fruitiers, quoy qu'ils ſoient aſſez uſitez; dautant que les arbres n'ayant l'air libre que par le ſommet, montent trop haut, laiſſant le bas de leurs branches dégarnies, & la ſubſtance a enſuite trop de chemin à faire. Ils tiennent encore l'air renfermé ſous eux, en s'environnant l'un l'autre, & ils empêchent que le Soleil, qui les regarde obliquement, n'échaufe la terre par ſes rayons & que la pluye ne l'arroſe dans ſa chûte, parce que l'un & l'autre ſont arrêtez ſur la cime des arbres, où ils n'en ont pas tant de beſoin qu'aux racines, ny que la terre, à qui l'on ne peut laiſſer prendre trop ſouvent le Soleil & la pluye, pourveu que l'un n'excede pas la la force de l'autre. Cette erreur commune paroît, en ce que la terre qui eſt ſous ces arbres, ne produit rien de ce que l'on y ſeme, qui vienne à perfection, & cela fait que le Jardinier ne daigne pas la labourer, ce qui l'empire encore. On voit auſſi que les arbres êtant venus grands, & occupant tout l'eſpace, ne portent non plus de fruit que la terre. Au contraire, voyez les arbres plantez chacun à part en grand air, vous les trouverez bien formez, bien fournis, & portans fruits de tous côtez; ceux même qui ſont plantez en une ſeule ligne, ou deux éloignées, quoy qu'aſſez prés les uns des autres, ont pour le moins d'un ou de deux côtez, l'air libre, auſſi s'étendent-ils de ce côté-là, & y portent-ils plus de fruits. Les grands espaces de terre qui sont laissez entre les lignes, servent à porter les legumes, les herbes potageres, ou autres choses, étant pour cet effet labourez, & ameliorez; Et cela servira aussi pour la nourriture des arbres qui sçauront bien étendre leurs racines, du côté qu'ils trouveront la terre mieux preparée.

Nous ferons encore quelque difference de la profondeur en laquelle l'arbre doit être remis en terre selon sa qualité; car la terre legere & détachée sera plus facilement penetrée & dessechée par les rayons du Soleil, que ne sera la terre grasse, & si ce que nous appellons terre forte est de cette terre legere, nous poserons l'arbre un peu plus profond, mais non plus d'un pouce ou deux; car l'arbre prend sa nourriture proche de la surface de la terre, & il y forme de nouvelles racines, s'il est transplanté trop profondement, comme nous l'avons dit. Pour éviter l'inconvenient qui arriveroit par la secheresse à nôtre nouveau plant, il sera bon de couvrir la terre autour du pied de l'arbre, avec de la paille, du chaume, ou de la feugere, pour conserver son humidité, & empêcher ſa trop grande ardeur du Soleil, qui penetreroit facilement le peu d'épaiſſeur de terre qui couvre les racines; Et cette legere couverture n'empêchera point la pluye de penetrer, au contraire, ſi l'on étoit contraint d'arroſer, elle empêcheroit l'affaiſſement qui ſe fait par la chute de l'eau verſée en abondance, & elle ôteroit le beſoin d'arroſer ſouvent.

Ce que j'ay dit touchant la maniere de tranſplanter les arbres en general, doit être obſervé generalement en toutes ſortes d'arbres, d'arbriſſeaux, & d'arbuſtes, ſoit en les plantant à part, ou en faiſant des bordures, des hayes d'appuy, ou de défenſe, des palliſſades, des eſpaliers, des cabinets, & ou des bouquets: car faiſant ainſi vous avancerez le temps & la beſogne; vous travaillerez ſeurement, & ne vous tromperez point, ainſi que font ceux qui ſans couper les branches, & ſans regarder les ſaiſons, ny l'état de la Lune, ny des vents, plantent les arbres tous entiers, comme ils diſent, ſans conſiderer qu'ils leur ont ôté les principales parties, qu'on ne leur peut laiſſer en les arrachant, & ſans ſçavoir auſſi quand ils ont été arrachez, ny quel terroir ils avoient accoûtumé.

CHAPITRE IX.

De la maniere d'enter les Arbres.

L'Invention d'enter les arbres & de les associer ensemble, a été trouvée fort heureusement par les Anciens ; car outre l'augmentation de beauté & de bonté, qu'elle apporte aux arbres & aux fruits, la facilité qu'elle donne de recouvrer les especes que nous n'avons point, est d'une commodité infinie ; ainsi que l'ont bien apperçû ceux qui depuis ce temps-là, ont cherché avec soin tant de façons diverses d'enter que nous avons à present, pour en pouvoir user en diverses saisons, suivant la commodité de pouvoir recouvrer les greffes, & selon la qualité de leurs arbres : toutes lesquelles façons differentes, dépendent d'un seul secret, qui est de poser les écorces des deux adjoints, en telle sorte que la séve montant aille de l'un à l'autre.

Or comme l'espece avec toutes ses qualitez étant portée jusques aux extremitez, aboutit en un point dans les boutons, où elle eſt contenuë auſſi parfaitement, qu'elle eſt dans la ſemence, ou dans tout l'arbre; il nous ſuffit d'avoir un ſeul de ces petits boutons, pour tirer l'eſpece entiere d'un arbre, lequel nous pouvons poſer ſur un autre arbre, d'une autre eſpece ou de quelqu'une ſemblable, & le contraignant à pouſſer toute ſa force vegetante, par ce petit détroit étranger, il en emprunte la vertu, qu'il va multipliant à meſure qu'il croît, auſſi abondamment qu'il eût fait la ſienne propre, & même beaucoup davantage. La raiſon eſt que les deux adjoints venant à ſe conjoindre par l'humeur glutineuſe de la ſéve, il ſe fait un calus, qui ayant les pores moins élargis, fait que la ſubſtance ſe rarefie en paſſant, & qu'il ne monte que les eſprits les plus ſubtils, qui faiſant le nouveau jet, y portent moins du terreſtre. Ainſi nous voyons qu'un arbre enté, quand même ce ſeroit de ſes propres branches, aura le bois, l'écorce, les feüilles, & le fruit plus poreux & plus acre qu'il n'avoit auparavant; Et cette conſideration n'eſt pas petite au fait des entes; car même les arbres qui ne portent point de fruit, étant entez en deviendront plus beaux, & pouſſeront avec plus de diligence, à cauſe que la dureté de ce qu'il y a de terreſtre ſera diminuée. Bien plus par le moyen des entes, non ſeulement le mélange des eſpeces ſe fait, d'où il provient des nouveautez plaiſantes & agreables, & des ameliorations excellentes ; mais auſſi il ſe fait des choſes monſtrueuſes & contre nature, quoy qu'elle-même les faſſe. Par exemple n'eſt-ce pas une choſe étrange, que deux boutons poſez l'un ſur l'autre en entant en écuſſon, prennent tous deux ſi le deſſus eſt plus long & plus large que le deſſous, & qu'ils pouſſent une méme branche, dont le fruit qui en proviendra ſera double, revêtu l'un dans l'autre ; & ainſi de pluſieurs autres gentilleſſes.

Mais pour venir aux diverſes manieres d'enter les arbres, on le fait premierement en fente, quand leur coupant nettement le corps s'ils ſont jeunes, ou les branches. Si c'eſt un arbre fait, l'on fend le tronc, & l'on poſe en la fente de l'un ou des deux côtez, une branche de l'autre arbre que voulez affier qui eſt le greffe, coupé en coin ſelon la forme de la fente, de laquelle, pour ne la faire trop grande, vous oſtez un peu de bois, à proportion du greffe, qui par ce moyen en demeure plus fort, plaçant les ſéves vis à-vis l'une de l'autre, ensorte qu'elles se touchent ; & vous bouchez le tout en forme de poupée avec de la terre grasse, ou avec de la poix resine fonduë avec un peu d'autre poix, graisse & cire ; afin que l'air & la pluye n'y entrent. Le greffe doit estre pris du sommet de l'arbre du côté d'Orient, du bois le plus vigoureux, & coupé en Lune vieille. Il sera enté en nouvelle Lune, souflant un vent Septentrionnal, qui rende l'air clair & serain. La meilleure saison est au Printemps au renouveau de la Lune, le plus prés de la séve qu'il se pourra, & auparavant qu'elle monte; La raison en est, (suivant ce que j'ay dit au sujet du temps propre pour transplanter, en parlant de la Lune, & du vent) que par ce moyen, le greffe vuide de substance s'évante moins, & est plus propre pour en recevoir, si elle vient bien-tost : & même le greffe ayant esté gardé d'une Lune à l'autre, il en prendra mieux, êtant en un plus grand appetit. Les greffes sont pris ordinairement du dernier jet accompagné du precedent : mais quand ce sera pour mettre sur de forts arbres, ils se peuvent prendre de branches plus vieilles & plus grosses ; & quoyque ce soit contre la coûtume, faites-le ainsi avec beaucoup de raiſon, & ſur l'experience que j'en ay faite : car comme je l'ay remarqué en parlant da la maniere de tranſplanter des arbres, les forts reſiſtent mieux au mal, que les foibles : outre que la ſubſtance en cette ſorte de greffe eſt plus digerée, pour ainſi dire, & plus prête à porter fruit. On doit encore prendre garde qu'il y ait des boutons, qui ont accoûtumé de s'effacer au vieux bois : mais s'il n'y en avoit, la nature en formeroit & en feroit ſortir. Les greffes cueillis en veille Lune, auparavant la ſaiſon d'enter, peuvent eſtre gardez deux ou trois mois, s'il eſt beſoin, pour les recouvrer des pays éloignez, en mettant la coupe en terre graſſe, de crainte qu'ils ne s'éventent.

Toutes ſortes d'arbres ſupportent cette façon d'enter, qui eſt la meilleure, & entre autres ceux des fruits à pepin en viennent fort beaux ; & parmy ceux à noyau, le Prunier & le Ceriſier ; entre leſquels nous ferons difference, ceux-cy ètant hauts & les autres bas, quand ils ſont jeunes. Le ſauvageon du fruit à pepin a le bois dur, noüeux, êpineux, de mauvaiſe venuë, l'êcorce rude, le ſuc aſpre & de mauvais goust. Le franc au contraire a l'écorce unie, le bois enflé, & de belle venuë, & est d'un bon suc, c'est ce qui fera que nous enterons ces arbres prés de terre, pour leur laisser peu de bois & de substance sauvage, & afin que le franc prenant dés le pied, fasse une belle tige. Le Prunier & le Cerisier sauvages ont le bois droit, de belle venuë, l'écorce unie & le suc douceureux : le franc a le bois trop acre & foible, & l'écorce rude ; ce qui fera que pour avoir les arbres beaux, nous les enterons haut, autant que portera la qualité de l'arbre.

Il y a une autre façon d'enter qui approche de celle-cy, quand au lieu de fendre le tronc, vous posez les greffes coupez en coin, entre le bois & l'écorce en forme de couronne ; & cette maniere est tres-bonne pour les gros arbres mal-aisez à fendre ; car de-même qu'en la precedente, la reprise se fait sous la poupée ; & des deux ajoints il ne se forme qu'un même corps.

On appelle enter en approche, quand de deux arbres prés l'un de l'autre, vous prenez la branche de celuy que voulez affier, & la passant par dedans autre, sans la coupper, vous incisez l'écorce, afin de joindre les deux seves.

Une autre maniere dite en oreille de lievre, est quand les deux ajoints d'une même grosseur sont coupez en biaisant, comme le fer d'un Menuisier, nommé bec-d'asne, & qu'ils sont ajustez l'un avec l'autre, desorte que les séves se joignent par tout; aprés quoy vous les liez avec du chanvre ou de la laine, & vous les couvrez avec de la terre grasse au même temps, & en la pleine saison que les autres façons cy-dessus.

On pratique l'Esté d'autres façons d'enter qui sont bonnes & bien usitées. La plus facile & la plus utile est de bouton, quand ostant le bouton du jet nouveau, en forme d'écusson, vous l'appliquez entre le bois & l'écorce de l'arbre que vous entez, soit vieux ou jeune, liant avec du chanvre ou de la laine l'écorce fenduë par dessus l'écusson, en laissant le bouton libre, ayant bien pris garde de le lever si adroitement, que le bouton & son germe soient entiers : & même si on leve un peu de bois avec l'écusson, il en vaut mieux. Cette façon d'enter est commode & admirable, comme je l'ay dit, pouvant vous en servir en toutes especes d'arbres, arbrisseaux, & sous-arbrisseaux, depuis qu'ils ont un an jusques en leur vieillesse. Quand ils sont jeunes vous posez l'écusson sur le corps, & lors qu'ils sont vieux vous coupés les branches ; & l'arbre ayant jetté au Printemps, vous posez les écussons sur le jet nouveau, luy ostant les sommitez & le superflu avec tous les boutons. Cette maniere sert, non seulement à changer l'espece, mais quand un arbre ne portera fruit, ou qu'il aura les branches rabougries, vous le verrez avec plaisir porter fruit dés l'année suivante, si vous l'entez dés les mois de Juin, & de cette façon vous pourrez mettre sur un arbre un tres grand nombre d'écussons, sur tout d'Abricotiers, & de Pêchers, soit que vous les entiez l'un sur l'autre, ou bien sur des Pruniers, ou des Amendiers.

On ente aussi de cette façon vers la fin l'Esté durant la séve, sans rien couper de l'arbre jusques au Printemps prochain que l'on voit l'écusson pris : & alors luy ostant tout autre moyen de pousser, il fait durant tout l'Esté un grand jet, qui a plus de force pour resister au froid de l'Hyver suivant, que n'eût eu celuy qui auroit esté enté au mois de Juin, lequel n'eût pû pousser qu'un bien petit jet avant l'Hyver.

Une autre façon est enfluteau, quand les deux adjoints du jet nouveau, étant de pareille grosseur, vous levez le bouton avec le rond de l'écorce, & vous l'appliquez dépoüillé sur l'autre, le faisant entrer par le bout, jusques à ce que vous ayez atteint la même grosseur.

Cette façon est utile aux Châtaigners & aux autres gros arbres, leur coupant les branches pour avoir un nouveau jet; mais ils valent mieux entez en fente, sur le corps quand ils sont jeunes, ou estant vieux, sur les branches, d'un jet de trois ou quatre années, ainsi que tous les autres arbres. Il y a encore une autre façon d'enter en bouton qui est excellente. C'est d'emporter la piece de l'écorce du tronc de la même grandeur de celle où est le bouton que vous voulez enter, laquelle vous posez justement sur le tronc en la place de l'autre, & vous la liez ensuite avec du chanvre ou de la laine. L'outil propre à cette façon d'enter doit avoir deux tranchans, un qui porte la hauteur, & l'autre la largeur, afin de faire les pieces égales plus facilement.

CHAPITRE

CHAPITRE X.

Des moyens de conserver, augmenter, & changer les qualitez aux especes.

NOus avons desiré qu'en semant les pepins, & les noyaux, on en fasse distinction selon leurs qualitez, afin que l'arbre estant venu, on s'en serve à ce à quoy il sera propre, ou qu'on employe en luy quand on l'entera, des greffes qui conviennent à sa nature, ou si on le veut changer, que l'on y entremesle des greffes contraires ou differens. Vous aurez, par exemple, par ce moyen des pommes plus douces, si les deux adjoints, sçavoir le tronc & le greffe sont doux, vous les aurés plus blanches, ou plus rouges s'ils sont blancs ou rouges; vous les aurez plus grosses s'ils avoient accoûtumé de produire de gros fruits; & ainsi des autres qualitez, & des autres especes. L'espece même se maintiendra bien mieux sur la même espece, que si vous l'entiez sur une autre differente: & quand vous voudrez changer les saveurs, les couleurs, ou les autres qualitez, avancer, ou retarder la production des fruits, il faudra aussi employer des sujets convenables à vostre intention tenant pour certain que puis que c'est le tronc qui recueille la substance dont l'arbre est nourry, & dont la production est faite, c'est luy aussi qui la rend proportionnée à sa nature, tant qu'elle demeure en luy, & qu'elle en participe encore quand elle a passé au greffe, ayant esté en partie digerée par le premier, & parfaite au second. De cette maniere les deux agents estant differens, diversifieront le fruit, auquel tous deux contribueront; & pour cette raison nous avons dit, que les arbres à pepin doivent estre entez bas prés de terre, pour y laisser moins du sauvageon, qui rend la substance qu'il succe amere & aspre selon sa nature, & au contraire des fruits à noyau.

Quand vous voudrez donc mesler les qualitez d'un fruit avec celuy d'un autre, prenez le greffe de l'espece que vous voulez conserver, & plus vous voudrez qu'il participe des qualitez qui sont en l'autre, laissez le tronc dautant plus long, soit au haut de la tige, ou dans les branches, afin que la substance montant par un plus long canal, retienne davantage de la nature d'iceluy. C'est ainsi que seront renduës laxatives les Prunes & les Cerises, qui seront entées sur le Nerprun, parce que le tronc ayant cette faculté la contribuera à son adjoint. Ainsi encore deviendront rouges les fruits qui seront entez sur le Meurier ; & ainsi des autres qui auront d'autres facultez. C'est la raison pour laquelle on ente les Poires de bonChrétien sur le Coignier, qui les rend d'une plus belle forme & couleur, & qu'on ente dessus toutes sortes de fruits qu'on plante aux espalliers ; parce que cét arbre ne venant pas fort grand, il ne pousse de son naturel guéres de bois, quoy qu'il ait un grand nombre de fibres & de petites racines, avec lesquelles il attire quantité de substance qu'il employe à faire son fruit gros & beau ; & il communique cette vertu aux especes qu'on ante dessus, qui produisent d'ordinaire le fruit le plus gros, & moins de bois que ceux qu'on ente sur les sauvageaux de même espece, sur lesquels pourtant ils durent plus longtemps, & produisent leur fruit de meilleur goust.

Nous disons pareillement que la terre

dont l'arbre tire sa nourriture, ayant naturellement des rapports & des convenances aux qualitez que l'on desire aux fruits, ou bien si elle les a contraires elle les leur contribuera : Celle, par exemple qui est ferme & pierreuse, affermira les fruits ; celle qui est douce, legere & sans pierre ; les affermira moins, & ainsi des autres : & si la nature du fruit, & celle de la terre où il est nourry conviennent ensemble, l'une augmentera l'autre : si elles sont contraires, le fruit s'en ressentira. Bien plus, nous pouvons encore communiquer à la terre d'autres qualitez de saveurs d'odeurs, & de couleurs qu'elle n'a pas, la meslant des fiens differens, ou des cendres, dont nous avons parlé. Par exemple, comme un Prunier de damas violet avoit accoûtumé de porter son fruit doux & mielleux, ainsi que font ordinairement ces sortes de Pruniers ; mais par le moyen d'une vieille saumure, qui fut versée inconsiderément au lieu où il estoit planté, il porta depuis son fruit si salé, qu'il estoit impossible d'en manger. Si les sirops, & les restes de sucre, ou de miel, sont aussi employez en terre, elle communiquera un goust savoureux aux fruits qu'elle produira, & ainsi des autres saveurs. Les couleurs & les odeurs s'augmenteront de même ou changeront, si les fiens que nous employrons abondent en ces qualitez, ainsi qu'il s'en trouve. Le marc de vin rouge rehausse la couleur des œillets, & des autres fleurs ; il le fait de même aux fruits, specialement aux Oranges ; & il augmente encore leur suc, & rend l'écorce plus déliée, retenant ces qualitez des raisins noirs, qui les ont. D'autres produiront un semblable effet selon leurs qualitez particulieres ; & pourquoy tant de plantes odoriferantes ne contribueroient elles pas leurs vertus à une chose avec laquelle elles sont infuses ; puisque le grand Caton nous a enseigné que les cendres des sermens mises au racines de la vigne, augmentent grandement sa force & sa bonté ?

Si l'eau dont la terre sera arrosée, a des qualitez conformes, ou contraires à ce que nous desirons, elle les fera aussi paroître, ou bien si nous y en infusons, ce qui est facile pour l'odeur, la couleur, & la saveur, par le moyen des fients propres aux plantes, outre la grande nourriture, que cét arrosement donnera : n'y ayant point de doute, que tout ce qui eſt nourry ne participe aux qualitez de la nourriture qu'il prend, ainſi que nous l'appercevons aux animaux, par exemple, aux Lapins & aux Grives, qui nourris de genévre, ſentent le genévre, comme les Perdrix retiennent le gouſt de l'ail ſauvage qu'elles mangent au Printemps.

Le Soleil fera auſſi paroître ſa vertu, ayant une puiſſance infinie, non ſeulement pour la production & pour la maturité des fruits, & en tout autre effet de la nature, mais ſpecialement dans les changemens dont nous parlons : Car l'odeur, la couleur & la ſaveur, conſiſtans dans la chaleur naturelle, elles ſont augmentées par luy ſelon qu'il leur depart la force de ſes rayons. Nous en voyons un exemple dans les fruits qui ſont produits à l'ombre ; car ils different de ceux qui ſont vûs du Soleil, quoy que dans un même arbre, & les plantes qui ſont couvertes, faute d'eſtre expoſées au Soleil & à l'air, blanchiſſent, changent & diminuent leurs couleurs, & leurs ſaveurs.

Il ſe trouvera quelquefois aux arbres des défauts, qu'il y aura moyen de reparer, comme quand l'arbre prenant plaiſir à croître, s'y ſera tellement accoûtumé, qu'il oubliera de fleurir & de porter fruit. Alors luy coupant les boutons destinez à son accroissement, qui sont ceux des bouts, il faudra qu'il pousse par les autres premiers destinez pour les fleurs, & pour les fruits, & par ce moyen il en portera s'il en est capable; car il se trouve des arbres steriles comme des animaux; il y en a aussi qui fleurissent abondamment, & qui ne portent point de fruit, quoy que d'autres arbres de même espece en portent en une même contrée; ce qui est une marque que cela ne vient pas du defaut de l'air, lequel souvent gaste les fleurs, mais du manque de substance qui se trouve en la terre, faute de culture & d'amelioration: & pour y remedier il faut un bon labourage, & ôter les autres obstacles qui peuvent empêcher l'air, le soleil & la pluye de rendre cette terre fertile.

Que si l'arbre s'estant trop endurcy, par une longue & mauvaise nourriture, ne vouloit porter fruit, ou qu'en en portant il le fist trop âpre, trop rude & & pierreux, il faudroit l'ébrancher, & faire autour de son pied (sans toutefois l'ébranler) une tranchée large & & profonde, en coupant aussi ses racines, & remplir cette fosse de la mailleure terre, qui convienne à la nature du fruit qu'il doit porter comme les cendres des sermens, & le marc de vendange bien pourry à la vigne, & aux autres arbres fruitiers dont le fruit est abondant en suc : le tan de noix aux Noyers ; les pommes pourries, & le marc de cidre, aux Pommiers ; & ainsi des autres fiens & cendres, où restent les principes des corps dont ils sont faits.

Par ce moyen l'arbre portera beaucoup de fruit, & d'un meilleur goust. Les pierres seront ostées aux Poires, aux Coings, & aux autres fruits, & ce qu'il y auroit de trop terrestre sera corrigé ; & même coupant la teste à un arbre bien fructueux, & l'empêchant par là de porter fruit pendant quelques années, durant lesquelles il recueillera beaucoup d'esprits, estant nourry abondamment d'une bonne substance propre à sa nature, quand dans la suite il en produira il sera plus gros, mieux nourry, plus plein d'esprits, & aura moins de terrestre. Par ce même artifice les noyaux & les pepins des fruits se diminuent : la peau s'en fait plus deliées & plus douce, la queuë plus courte ; les fleurs des arbres

& des

& des arbrisseaux, qui ne portent point de fruit, se multiplient & deviennent doubles. Il y a encore une invention curieuse d'augmenter la force & la vertu des arbres, en leur donnant deux racines pour une tige, par exemple, si deux arbres sont nais, ou transportez prés l'un de l'autre, êtant jeunes vous couperez en biaisant leurs tiges, vis-à-vis l'une de l'autre, & les joindrez ensemble, en les liant avec du chanvre ou de la laine, & vous laisserez à costé de la conjonction un bouton libre, pour pousser dans celuy des deux dont vous voulez conserver l'espece, laquelle sera par ce moyen augmentée par l'autre; & même les fruits en deviendront doubles, si les deux sont de même espece. Deux greffes de fruits differens, entez sur un même tronc & rejoints ensemble, pour ne faire qu'un jet, feront de même un mélange de la nature des deux. Si joignant les serments de vigne, ou d'autres arbres qui viennent de bille, ou marcottes, vous les mettez en terre, & les contraignez de pousser par un seul jet; il n'y a pas de doute que les fruits qui en proviendront, participeront de la nature de ceux, dont estoient lesdites branches ou serments; & de là viennent les raisins, & les autres fruits de deux couleurs, & une plus grande abondance de fruits, chaque arbre voulant contribuer & fournir le sien.

Le même arrive à l'égard des pepins, des graines, & des noyaux, semez ensemble & pressez, soit que par-là le germe de plusieurs s'assemble, & fasse un seul jet, ou que vous les y contraigniez, quand ils viennent à pousser separément en coupant leurs jets, & les assemblant de nouveau; Par ce moyen se fait encore la multiplicité des feüilles dans les fleurs, & la multiplication des fleurs en une, comme aussi les varietez des couleurs qu'on y peut souhaiter.

Bien davantage, si vous prenez deux serments de deux seps differens, quand ils sont prés l'un de l'autre, & qu'ayant fendu les boutons par moitié, vous les joigniez ensemble, tous deux ne font qu'un jet, qui portant fruit, le fait de deux couleurs differentes de la nature de leurs souches : Et même en entant en écusson, si vous joignez deux moitiez de boutous, & n'en faites qu'un, il ne laissera pas de prendre & de pousser un seul jet, lequel fait un même effet, portant du fruit de deux couleurs, ou de deux goûts differens;

c'eſt ainſi (comme nous l'avons dit en parlant des entes) que mettant deux boutons l'un ſur l'autre, les fruits viennent enveloppez l'un dans l'autre: mais en faiſant ces ſortes de conjonctions, il faut bien prendre garde que les ſujets y ſoient propres, & que la nature des adjoints convienne en la production du fruit en une même ſaiſon, afin qu'ils travaillent enſemble & de concert & qu'ils ne s'empeſchent l'un l'autre

CHAPITRE XI.

Des maladies & des inconveniens qui arrivent aux arbres.

ENTRE les maladies qui arrivent aux arbres, celles qui proviennent du fond de la terre ſont les plus dangereuſes, comme les plus difficiles à guerir. Pour cet effet il faut ſur toutes choſes, ſe pourvoir d'un terroir qui n'ait pas le fond vicieux, & auquel les arbres prennent plaiſir; car les défauts qui ſe trouveront en la ſurface pourront eſtre amendez, mais ceux du fond ne le peuvent eſtre entierement. Les inconveniens les plus ordinaires du fond viennent du tuf, de l'argile, ou de l'eau trop proche de la ſurface de la terre. Les deux premiers peuvent eſtre en quelque façon amandez, en creuſant un foſſé large & profond, ſuivant la ligne où vous voulez planter vos arbres; car la laiſſant long-temps ouverte, afin que la mauvaiſe ſubſtance s'exhale, le fond s'amende par les pluyes, les gelées & la chaleur des ſaiſons. La terre qui en ſera tirée ſera auſſi amendée par les mêmes ſecours; & le remuëment qu'elle aura receu la rendra plus penetrable aux racines, vous pourrez encore l'amender en y mélant de meilleure terre, ou du fien bien pourry; car par ce moyen l'arbre s'accommodera à cette terre, & ne trouvera celle qui n'avoit eſté remuée, ſi contraires quand les racines l'auront atteinte, à moins qu'elle ne fût tout-à-fait d'une trop mauvaiſe ſubſtance. En ce cas il faudroit en plantant les arbres, poſer la racine ſur la ſurface de la terre, & laiſſant douze ou quinze pieds de chaque coſté de l'allignement, prendre le reſte de la ſurface entre deux, & en couvrir la racine, & tout cet eſpace que vous auriez projetté pour leur ſervir d'étenduë à l'avenir. Que ſi l'eau ſe trouve trop proche, cette methode y peut auſſi convenir; car par ce moyen vous rehauſſerez la terre, & les racines y trouveront une épaiſſeur ſuffiſante pour leur fournir de la nourriture, & elles s'étendront pluſtôt en elle, que d'approfondir un mauvais fond. Et quoy que voſtre champ ſe trouve inégal, il ne laiſſera pas d'avoir de la grace, ſi les lignes eſtant tirées droites, vous mettez des bordures ou hayes d'appuy, qui cachent la difformité, quand la neceſſité des lieux vous y contraindra.

Quand un arbre venu en mauvais fond, montrera par ſes branches, & par ſon mauvais jet, ou par la mouſſe & l'inégalité de ſon écorce, qu'il luy manque de la bonne ſubſtance, ſi c'eſt un arbre excellent que vous vouliez conſerver, vous couperez ſes branches, & vous ferez un foſſé autour de ſon pied, auſſi large & profond que s'étendront ſes racines, ce qui eſt peu moins que ſes branches, ſans toutefois ébranler ſon pied, quoy que vous coupiez auſſi ſes racines, & au lieu de la terre que vous en tirerez vous les remplirez d'une autre meilleure, qui conuienne à la nature du fruit qu'il doit porter. Le ſang des animaux, & les ergots de moutons & des brebis ſont excellens, & tres propres à cela. Ce remede amende, non ſeulement l'arbre, mais auſſi le fruit, ainſi que nous l'avons dit cy-devant. Les maladies qui viennent aux arbres par la trop grande chaleur & ſechereſſe, doivent eſtre corrigées par des arroſemens abondans, abreuvans toutes la terre juſques aux extremitez des racines, avant que l'alteration ſoit trop grande, ainſi qu'il ſera dit au Chapitre des arroſemens. Celles qui ſont cauſées par l'air & les vents, doivent eſtre prevêuës de longue main, en mettant les arbres à l'abry du coſté qu'elles viennent; Et avec tout cela à peine peut-on éviter les inconveniens, que les mauvaiſes exhalaiſons, les broüées, les greſles & les pluyes chaudes, apportent aux arbres & aux fruits, quelque reſſerrez & enfermez qu'ils ſoient entre des murailles, des bois, ou des hayes; parce que ne pouvant vivre ſans air, il faut neceſſairement ſouffrir les inconveniens qu'il apporte, ſur tout quand ils viennent inopinement. La vapeur du fien chaud, estant du costé du vent, dissipe une partie du mal, & apporte une grande temperie à l'air resserré sous les couverts, où l'on retire les arbres en Hyver.

Lors donc que pour de semblables inconveniens ou pour d'autres, l'arbre deviendra malade, le moins de branches qu'on luy peut laisser est le meilleur; afin qu'il ait moins de peine, & que l'humeur qu'il succera estant abondante, guerisse à tout le moins le corps. De plus quand l'arbre est malade, il ne peut travailler si activement que de coûtume, soit en succçant, ou portant la nourriture jusques aux extremitez; de sorte que les branches pâtissent, le bois s'endurcit, l'écorce s'altere, & quand même la maladie gueriroit, les parties qui en ont souffert, s'en ressentent toûjours, ou du moins fort longtemps. Le meilleur expedient est donc d'ôter les branches, particulierement celles qui auront souffert; car par-là le corps de l'arbre se fortifiera, & jettera du bois sain, & plus vigoureux: Et même n'ayant autre maladie que la vieillesse, qui a rabougry ses menuës branches, à cause que son suc ne sçauroit plus faire un si long chemin, & monter jusques aux extremitez, il renouvellera sa force, & la substance n'ayant plus tant de chemin à faire produira des branches belles & agreables, si vous coupez les vieilles. Mais sur tout fournissez de la nourriture à l'arbre par le labourage, & par l'augmentation de substance que vous donnerez à la terre, non seulement prés de son pied, mais aussi bien loin, & plus que ne s'étendent ses racines; car c'est depuis leurs extremitez qu'il tire sa nourriture.

Plusieurs sortes d'animaux causent de grandes maladies aux arbres, mangeant leur nouveau jet, & leurs tendres feüilles, & infectant par leur frequentation, le vieux bois & l'écorce. Entre ceux-là les chenilles sont tres-fâcheuses. Elles sont engendrées de l'infection de l'air, ou de la graine que ces insectes changez en papillons laissent d'une année à l'autre; & elles croissent en si grande multitude, qu'elles devorent tout ce qu'il y a de beau dans une Province entiere, & ne laissent rien de verd aux arbres qu'elles aiment; de sorte qu'il s'en trouve quelquefois qui meurent de cette infection.

Le Jardinier sera donc soigneux de

rechercher curieuſement cette dangereuſe graine, afin qu'il n'en demeure, ny dans ſon Jardin, ny aux environs, abbattant les hayes où il y en aura quantité, & les branches des arbres où elles ſeroient attachées, auparavant qu'elles ſoient prêtes d'êclorre, & brulant tout cela entierement. Quant à celles qui ſont engendrées par l'infection de l'air, il faut apporter toute ſa diligence à les tuer, les prenant quand elles ſont amaſſées enſembles le ſoir & le matin: ou bien uſer des choſes qui leur ſont contraires. Le ſaigle verd, par exemple; les chaſſe quand l'arbre en eſt lié : le ſureau, & l'hieble, répandus parmy les branches des arbres le font auſſi, ſi vous arroſez les branches & les feüilles des arbres avac de l'eau où l'on aura fait infuſer du ſalpeſtre, vous ferez encore mourir les chenilles, & cet arroſement avec une ſeringue, ou pompe portative, dans un ſeau ou cuvier, ou avec la pelle concave, l'eau dans laquelle aura trempé de la Ruë concaſſée, & ſon jus y ſont auſſi propres.

Les Hanetons ſont des vers qui s'engendrent en terre, d'où ils ne ſortent que la troiſiéme année, ayant pris cette forme de barbos volans, que nous voyons en ſi grand nombre au Printemps, ils mangent les nouvelles feüilles & les jets tendres, ſi le Jardinier ſoigneux ſecoüant les arbres, & les faiſant tomber à terre ne les tuë, attendant que la premiere forte pluye luy faſſe raiſon de cette vermine, qui ne la peut en iurer ſans mourir. Les Cantarides n'incommodent pas moins les arbres, rongeant le nouveau jet, & leur donnant de plus une puanteur fâcheuſe, & une infection corroſive: elles aiment ſur tout le Freſne, & le Troiſne, qui ordinairement s'en trouvent incommodez, ſi on ne les tuë avec diligence, comme les Hanetons. Les Roſiers plantez parmy les hayes empêchent cette vermine de s'y loger. Mais l'eau boüillie avec de la Sauge, ou de la Ruë les fait mourir, ſi vous en arroſez les arbres & les paliſſades. Les fourmis ne cauſent pas un ſi grand degaſt, mais leur frequentation nuit grandement aux arbres & les infecte, engendrant un excrement ſur le nouveau jet, qui l'offuſque & le gaſte: le ſon de la ſcieure de bois, répandu au pied de l'arbre où ils frequentent, les empêche d'en approcher quand ils le ſentent mouvoir ſous eux; & une forte ligne tirée avec du charbon de bois tendre, les empêche de monter au haut de l'arbre, parce qu'ils n'ont pas une prise assûrée sur icelle : mais un vaisseau fait avec de la cire autour du corps de l'arbre & rempli d'eau, les en empêche encore mieux, comme aussi un cercle de gluë fait à l'entour de la tige de l'arbre.

Le ver qui s'engendre entre l'écorce & le bois de l'arbre, & qui le perce, suççant la séve, est dangereux. Les Poiriers de bon Chrêtien en sont sur tout endommagez, c'est pourquoy on a nommé ce ver Turc, parce qu'il est leur ennemi : il doit estre reconnu par l'excrément qu'il rend, qui tombe au pied de l'arbre : il est de couleur tannée, ressemblant à la scieure de bois ; il faut chercher soigneusement son trou qui est petit, en découvrant la surface de l'écorce, & tirer ce ver qui tuëroit l'arbre, empêchant la voye de la nourriture. C'est contre l'avis commun de plusieurs Anciens & Modernes, qui tiennent & qui disent que la substance & la nourriture de l'arbre montent par la moüelle ; mais si cela estoit, l'arbre ne mourroit pas par le ver qui n'entre pas dans le bois, demeurant entre le bois & l'écorce, où il en ſucce le ſuc. Nous voyons des arbres (entre autres les Saules) qui perdent leur moüelle, & qui ne laiſſent pas de vivre, & de profiter autant que s'ils l'avoient; d'où il paroît que la ſéve monte entre le bois & l'écorce. Que ſi ce qu'on appelle moüelle aux arbres devoit porter le nom de quelqu'une des parties du corps animal, celuy du Poulmon luy conviendroit mieux, parce qu'eſtant formée d'une matiere poreuſe & aërée, elle aſpire au dedans la ſubſtance de laquelle le corps eſt nourri, & elle augmente d'année en année, ſe formant entre le bois & l'écorce un nouveau bois plus tendre, qui n'a point encore atteint la dureté & la ſolidité du precedent; de maniere que nous trouvons l'interieur, que nous diſons le cœur de l'arbre, le plus ferme & le plus ſolide, ſi par maladie, ou par quelque autre inconvenient, il n'a eſté pourri ou gâté, comme il arrive aſſez ſouvent avec la perte & ruïne de l'arbre. Enfin les arraignées avec leurs toiles, infectent & empéchent le nouveau jet, quand une forte pluye qui les diſſipe tarde à venir; c'eſt pourquoy il faut avoir ſoin de les ôter des arbres que vous voudrez conſerver.

CHAPITRE XII.

De la neceſſité de tailler, tondre, & ébrancher les arbres, & de ce qu'il y faut obſerver.

PLUSIEURS arbres & arbriſſeaux ont beſoin d'eſtre taillez, leur racourciſſant les branches, & ne leur laiſſant que peu de nœuds, par leſquels ils jettent plus vigoureuſement qu'ils ne feroient en les laiſſant entier. Quelques arbres fruitiers ont beſoin de cette façon, ſpecialement ceux qui portent leur fruit dans le jet nouveau, comme la vigne ; leur fruit s'en fait plus beau, & mieux nourry, ayant moins de terreſtre, à cauſe que la nourriture que l'arbre prend, eſt moins de temps à eſtre digerée avec la dureté du bois, n'ayant un ſi long chemin à faire, & n'ayant tant de branches à nourrir, elle en fait la production nouvelle plus fournie. Il y en a auſſi que nous pouvons tondre pour nostre plaisir, afin de leur faire prendre une autre forme que la naturelle ; d'autres estant malades ont besoin d'estre soulagez en leur ôtant toutes, ou une partie de leur branches, afin qu'ayant moins à nourrir, ils employent la substance qu'ils succeront à se remettre en vigueur. Quelques-un même n'ayant autre maladie que la vieillesse veulent qu'on les renouvelle en coupant leurs branches, ce qui peut arriver encore si nous avons à les employer à quelque usage : Et toutes ces choses doivent estre faites en des saisons temperées, aux Equinoxes, au commencement du Printemps & de l'Automne ; car ceux que l'on ébranchera au Printemps, porteront plus de fruit, & ceux de l'Automne pousseront plus de bois. Mais selon que nous desirons que les arbres deviennent grands, ou retenus, il sera besoin aussi de prendre garde à l'estat auquel sera la Lune ; car coupant à la fin de la Lune, l'arbre qui est vuide, & en appetit, attirera de la nourriture dés le commencement de la nouvelle, comme s'il avoit toutes ses branches à fournir ; & par cette abondance il se renforcera, & grossira, & quand la saison ſera venuë, eſtant puiſſant & bien fourny, il pouſſera un long & gros jet. Au contraire ſi vous coupez en la pleine Lune, l'arbre ayant employé aux branches ce qu'il avoit attiré de ſubſtance durant la croiſſance de la Lune, le peu qui reſtoit en ſa tige, ou dans ſon tronc, s'écoulera encore en partie par les playes que vous luy ferez; & l'écorce ce reſtraindra & s'endurcira par l'alteration & la ſechereſſe, n'eſtant humectée & ſoulevée par une abondance de ſuc au dedans, durant le temps que l'arbre ſera ſans en ſuccer, ſçavoir pendant que la Lune décroîtra; de ſorte qu'au prochain renouveau il ne ſera ny ſi ſain, ny en ſi bon appetit, ny ſi capable de recevoir nourriture, outre le temps qu'il aura perdu; & quand la ſaiſon de pouſſer ſera venuë, il aura moins de force, & ſe trouvant moins pourvû, ſon jet ſera plus petit & plus endurcy; c'eſt la raiſon pourquoy les palliſſades & les bordures, que l'on veut épaiſſir & tenir baſſès, doivent eſtre tonduës en la pleine Lune; & aprés que le jet eſt commencé; & ſi le Printemps eſt avancé, ou qu'on ſoit en Eſté, il les faudra faire en des jours temperez d'humidité aprés la pluye, de crainte que la chaleur exceſſive n'envahiſſe la plante, dépourveuë de l'ombrage que luy donnoient ſes branches & ſes feüilles.

Pour les petites bordures du menu plan, leur prompte croiſſance, montre le beſoin qu'elles ont d'eſtre tonduës ſouvent; ce qui fait auſſi que ce doit eſtre en pleine Lune, pour les retenir plus courtes, & plus preſſées : & en cela on ne doit pas avoir moins d'égard à la temperature de l'air, dautant qu'eſtant foibles, & leurs racines courtes, elles ont plus à craindre de la trop grande chaleur, ſi elles ne ſont ſecouruës de la pluye. Pour les conſerver auſſi en longue durée, il faut prendre garde de les laiſſer croître, & de leur donner le temps de produire leurs graines, ce qui eſt leur dernier but, lequel la pluſpart d'elles ayant atteint, elles en meurent.

CHAPITRE XIII.

Des arroſemens.

LA terre eſtant ſéche de ſa nature a beſoin d'arroſemens, & plus encore quand le Soleil la regardant de

pré

prés l'échauffe outre mesure. Le meilleur arrosement qu'elle reçoit, est celuy de la pluye, qui tombe admirablement pour cet effet & d'une façon inimitable, & par une si douce chûte, que la terre se sent plustôt soûlevée qu'affaissée de sa pesanteur, s'en abbreuvant peu à peu, quand les vents & les orages ne forcent point la pluye, & ne la chassent point trop violemment. Ceux-cy affaissans la terre, & la détrempant plus qu'il n'est besoin, émeuvent de sa place celle qui est la plus preparée pour la production, ils détournent & empéchent les dispositions qu'elle y a, & quelquefois les choses bien avancées sont détruites par ces bouleversemens, les plantes arrachées, & la terre même emportée par les ravines qui coulent dans les fonds. La neige aussi n'affaisse point la terre en tombant, quelque épaisse qu'elle soit, & elle luy sert d'un excellent arrosement : venant à se fondre peu à peu, elle l'abreuve & l'engraisse ; & quand par son épaisseur elle la couvre longtemps, elle ôte le moyen aux oyseaux & aux autres animaux de manger les semences & de paître son beau verd, lequel est conservé par cette couverture, même contre le froid excessif. L'eau des rivieres, & des ruisseaux, venant quelquefois à déborder, couvre les prez & les terres voiſines & les arroſe ; mais elle le fait diverſement : car ſelon la diverſité des eaux & des terres, elle y fait du bien ou du dommage, y laiſſant ou ôtant, d'autre bonne ou mauvaiſe terre; & ſelon la qualité des plantes mêmes, elles en ſont tantoſt heureuſement abreuvées, & tantoſt noyées & étouffées.

Mais l'arroſement artificiel ſe fera à temps & à propos, par l'intelligence du Jardinier, qui en connoiſtra le beſoin, ſelon la nature des terres & des plantes. Il ſera fait commodement, ſi vous avez les eaux naturelles, ou par artifice, plus hautes que les lieux que vous voudrez arroſer, les laiſſant couler doucement, & en telle quantité qu'il en ſera beſoin. par les canaux de telles matieres que vous les aurez, ſoit de bois, de plomb, ou de tuille, ou par les terres mêmes, y faiſant des rayons & des rigoles, qui donnant l'eau par des ſentiers des planches & le long les bordures, feront qu'elle abreuvera la terre par deſſous, rafraîchiſſant les racines, ſans décharner les plantes, ainſi qu'il ſe fait quand l'eau y eſt verſée tout à coup pardeſſus avec l'arroſoir, lequel ne peut estre percé si menu, que l'eau trop abondante n'affaisse la terre en tombant & ne dissolve l'humeur preparée pour la production, ou ne l'emmene plus profond en terre en lavant la surface. Il vaudroit mieux n'arroser point du tout que d'arroser peu; car la terre en devient plus alterée, s'estant attenduë à ce secours, qu'on luy fait seulement goûter; il faut aussi arroser jusqu'au lieu où sont les racines, car ce sont elles qui en tirent plus de profit, & de qui la plante le reçoit. Quelques uns arrosent en plain midy quand l'alteration est plus grande, & que la chaleur qui est en la terre attiedit la froideur de l'eau, & ce n'est pas sans raison pour certaines plantes; mais ces promts changemens d'une extremité à l'autre, sont contraires à la nature, qui aime d'estre temperée: c'est pourquoy, afin de ne pas faire les choses en un estat si contraire, il vaut mieux arroser le soir conformement à la fraîcheur de la nuit, ou durant la nuit même, aprés avoir fait échauffer l'eau à l'air & au Soleil pendant le long du jour; car par ce moyen l'eau sera temperée, la terre abreuvée à plaisir, les plantes attireront moins avidement, & cependant avec plus de vigueur durant la fraîcheur de la nuit : le matin aussi y seroit propre, à cause de la même fraîcheur, si ce n'est que l'eau estant devenuë plus froide n'est plus si propre pour l'accroissement des plantes, parceque la froidure retarde l'effet de la terre, qui ne doit pas estre moins secouruë de chaleur que d'humidité.

Il arrive souvent de l'inconvenient de l'arrosement, qu'on donne aux semences & aux nouveaux plans durant les secheresses de l'Esté, par les animaux qui sont en terre, comme les Taupes, les Mulots, & les autres, qui ne sont pas moins alterez que les plantes; car sentans l'humidité ils la viennent chercher de loin, & s'assemblent en nombre à cette fraîcheur, ils mangent les graines en faveur desquelles l'arrosement avoit esté fait, & foüillans la terre & la soûlevant, ils déracinent les plantes qui sont sechées par la chaleur qui penetre ensuite plus facilement. C'est pourquoy je dis encore, qu'il vaut mieux n'arroser point, qu'arroser peu, & qu'heureux sont les Jardins situez plus bas que les eaux, dont ils peuvent estre arrosez en abondance à temps & heure. Les autres jardins ne laisseront pourtant pas d'estre arrosez fort à propos avec l'arrosoir commun, ou avec la seringue, ou la pompe portative dans un seau ou cuvier, faisant que le jallissement se fasse par quantité de trous menus percez; & cette façon d'arroser est propre, entre autres pour laver les branches & les feüilles des arbres chargez de poussiere, ou quand ils sont mangez des chenilles & des autres insectes, en infusant dans l'eau les remedes pour les exterminer que nous avons remarquez cy-devant.

CHAPITRE XIV.

Des manieres de faire des bois.

ON fait ordinairement des bois de trois manieres. La premiere est quand vous avez une étenduë de terre en friche, dans laquelle il vient naturellement & sans artifice du bois de quelque espece, à quoy la terre prend plaisir; car la terre produit de sa nature, & ne demeure point sans rien faire, si elle est tant soit peut fertile.

Il faut renfermer cette terre, & empécher qu'elle ne soit frequentée, que les animaux ne la foulent broutent & gâtent, faisant tout au tour un fossé profond avec des hayes, ou d'autres deffenses, & dans peu d'années vous trouverez un commencement de bois, sur tout si c'est du chesne qui y vienne naturellement, ainsi qu'il s'en trouve souvent de cette nature prés des forests; Et même aprés qu'une haute fûtaye aura esté abbatuë, la terre en produira, ou d'elle-même quand elle aura pris un grand & plein air ou de quelques vieilles racines des arbres coupez, si la place est conservée & gardée. Par ce moyen l'on fait des bois nouveaux, qui avec le temps produiront un bon revenu en tailles, parmy lesquelles on choisit des arbres de pied qu'on reserve en balliveaux, & l'on en peut faire aussi une forest & haute fûtaye. Cette voye est longue, mais elle est sans peine & sans autres frais, que de ceux de la garde & de la clôture qui est necessaire.

Une autre façon de faire des bois est en semant du Glan, des Chastaignes, du Fayne, & de la semence de Charme, d'Erable, d'Orme, de Fresne, de

Tilleux & d'autres, à quoy la terre montre prendre plaisir : quelquefois il se trouve des terres qui n'estant pas bien fertiles en grains, ne laissent pas de produire des beaux bois, par la semence qui leur est donnée. Si vous avez dõc une terre que vous vouliez mettre en bois, faites-la bien fumer & labourer de toute façon, comme si vous la vouliez semer en bled, choisissez ensuite la semence des especes que vous verrez que la terre, aime par la production naturelle qu'elle fait en ce lieu, ou aux environs en semblable terroir; les meilleurs bois sont les Chesnes, & entre iceux le Chesne blanc, car il vient plustôt que les autres especes; il est plus haut, plus droit, & meilleur en charpenterie & menuiserie. Le Chastaigner n'est pas moindre en toutes ses qualitez, outre que son fruit vaut mieux qu'à nourrir les pourceaux. Le bois même estant mis en taille, ses rejettons de trois ou quatre ans sont fort utiles à faire des cerceaux pour les tonneaux, & ils servent aussi aux jardins employez en bois mort pour des cabinets & des hayes façonnées. Le Fau ou Hestre fait un bois & une forest des plus belles, il vient bien & promptement de ſemence ; mais ſon bois n'eſt propre, ny à charpenterie, ny qu'à peu de menuiſerie, n'ayant la force ny la durée & la beauté des arbres cy-deſſus. Il ſe jette auſſi mis en œuvre, quelque ſec qu'il puiſſe eſtre, & neanmoins on l'employe en diverſes choſes ; le Tilleu eſt plus propre à couvrir les allées des jardins, ayant ſon bois blanc & foible; le Charme eſt auſſi meilleur pour des taillis, que pour une haute fuſtaye, & il eſt beau en palliſſades dans les jardins : l'Erable prend fort bien eſtant tranſplanté, & il vient également à l'ombre & en grand air. Le Freſne monte une belle tige, droite & unie ; ſon bois eſt fort, & il ſert en paix & en guerre aux Charrons & aux ouvriers de l'artillerie pour en faire de bonnes piques ; mais il engendre les mouches cantarides qui ſont tres-fâcheuſes dans les jardins. Quant à l'Orme, il vient diligemment, & en toute ſorte de terroir, ſon bois eſt fort, plus propre à l'ouvrage des Charrons que des Menuiſiers, mais les bois en ſont beaux & hauts, & les allées des jardins tres bien couvertes ; Enfin l'Aune, les Saules, & les Peupliers ſont propres aux lieux aquatiques. Ainſi choiſiſſant es eſpeces de bois propres à vos terres,

vous

vous les ſemerez incontinent que vous aurez recüeilly la graine auparavant qu'elle s'échauffe demeurant amoncelée, ou qu'elle ſoit trop deſſechée. Si vous aviez peu de terre à ſemer, vous pouriez laiſſer paſſer l'Hyver avant que de le faire, crainte d'une grande gelée, comme il en arrive quelquefois: & pour conſerver vos ſemences, ſpecialement les Glands & les Chaſtaignes, il faut les mettre dans des paniers & des manequins, & avec du ſable lit ſur lit, pour les garder en lieu temperé, & les porter facilement au lieu où voulez ſemer, ſans rompre le germe qui commence à ſortir, les poſant en terre un à un avec la main, cela les garantit des Taupes, des Mulots, & des Corneilles, qui les mangent l'Hyver; & il ne faut ſemer que les bons ſeulement qui viennent & ſortent de terre incontinent qu'ils ont ſenty le Printemps. Mais ſi c'eſt un grand champ, ſemez & recouvrez avec la charuë, comme on fait les Févres & les Pois. Le plan commençant de paroître il le faut ſarcler, & arracher les herbes, afin qu'elles ne le ſuffoquent, & mangent la nourriture; & ainſi en peu d'années vous aurez un beau bois & peut-eſtre trop épais, dont vous pourez tirer du plan pour transſplanter ailleurs ; Et même pendant longues années vous aurez journellement de grandes commoditez à prendre de ces jeunes arbres, ôtant les uns pour faire place aux autres. Si le jeune bois eſt ſemé de Gland ſeulement, il le faudra couper prés de terre, la troiſiéme année de ſa croiſſance, avec un tranchant bien affilé, prenant garde de n'ébranler ou efforcer les racines, & cela en vieille Lune, & en beau temps ; & il luy faudra donner un bon labour : le rejet qu'il fera au Printemps viendra haut & droit, & formera ſuivant ce commencement une droite & belle tige, la proximité du plan ſervant à conduire droit & haut le nouveau jet qu'il produira.

L'autre façon de faire du bois & du taillis, eſt en le plantant de jeunes plans en l'Automne ou au Printemps, ſelon la nature du terroir, le ſec voulant eſtre planté en l'Automne, & l'humide au Printemps. Prenez donc parmy les plans nommez cy devant ceux que vous trouverez les plus propres à voſtre terre ; qu'ils ſoient frais arrachez & bien enracinez, & les plantez par petites rigoles de trois pieds de diſtance l'une de l'autre; coupez-les à demy pied hors de terre, ſi le plan eſt tant ſoit peu fort, ayant ſoin de le faire labourer au Printemps & en l'Automne, les trois ou quatre premieres années, & juſques à ce que l'ombre de voſtre plan ſuffoque les herbes qui croiſſent deſſous. Il ne faut pas un grand labourage la premiere année; il ſuffira d'arracher les herbes qui ſuffoqueroient le plan, & mangeroient ſa nourriture; mais il faut bien labourer les années ſuivantes, afin de donner de la facilité aux racines pour s'allonger & pour recevoir le temperament neceſſaire à leur production par le moyen des pluyes & du Soleil, le chaud & l'humide n'eſtant pas moins neceſſaires l'un que l'autre. Si vous avez l'arroſement facile, ne l'épargnez pas au plan fait au Printemps; il en aura encore plus de beſoin que celuy de l'Automne; mais tous deux s'en porteront mieux, ſi vous les arroſez durant le hâle de Mars, qui eſt le commencement de la repriſe du plan de l'une & de l'autre ſaiſon, & le temps auquel ils ont plus de beſoin de ſecours.

Outre ce que deſſus, il ſe fait de petits boſquets qui ſervent d'un grand embelliſſement aux Jardins. Ils ſont compoſez d'allées, de ſales, & de cabinets en lignes droites & courbes, & ils se peuvent planter en deux façons ; sçavoir d'arbes de marque d'espace en espace, pour faire les allées couvertes, garnis d'une pallissade au pied, ou de pallissades seules sans arbres, pour avoir ses allées découvertes, selon la fantaisie de celuy qui les fait faire, y en ayant qui ayment les allées couvertes & d'autres non. La place estant donc choisie dans vostre Parc ou Jardin, si c'est proche de la maison & du parterre, vous prendrez les allignemens de vostre Bosquet, qui seront continuez avec les autres allées & promenoirs, qui accompagnent la maison que nous supposons y avoir esté prise conforme, sçavoir à lignes paralleles, & à angles droits sur le principal corps de logis, ainsi qu'il convient. Ensuite selon l'étenduë & la figure de vostre place, vous ferez un plan mesuré par toises, sur lequel seront tracez vos sales, vos cabinets, & vos allées, d'une forme & largeur convenable, suivant la grandeur de vostre bosquet, faisant les allées découvertes plus larges que les couvertes. Vostre dessein estant fait & bien arresté, il le faudra tracer sur terre, & suivant la trace faire ouvrir des rigoles ou fossez, que vous ferez de trois pieds d'ouverture, & de deux de profondeur, longtemps avant que de planter; afin d'accommoder la terre au plan, en luy donnant moyen de se meurir, & d'évaporer les mauvaises conditions qui se rencontrent d'ordinaire au second lit: n'oubliant pas de mettre la bonne terre de dessus d'un costé, & celle du fond de l'autre, afin d'avoir moyen en plantant de mettre la bonne dessous, & autour des racines de vostre plan, & l'autre dessus, où elle aura tout loisir de se meurir. Vous planterez au milieu de vostre rigole, ou fossé, & laisserez peu de tige au plan hors de terre, il en poussera de plus grande vigueur. Il ne faut aux arbres de marque que six pieds hors de terre, & aux pallissades demy-pied, prenant garde de ne les mettre trop avant, car il suffit d'un pouce plus que le plan n'avoit avant qu'estre arraché. Il faut neanmoins avoir égard en cecy à la nature de la terre; car la plus legere estant la plus facile à dessecher, il faut couvrir davantage le plan avec de la terre, ou avec de la paille & de la fougere, afin de le preserver du hâle & des chaleurs de l'Esté, qui dessecheroient ses racines. Nous choisirons pour couvrir nos allées, l'Orme, le Tilleu, ou le Hêtre; & pour les pallissades, le Charme, le Hestre, l'Erable, & l'Espine blanche; ces arbres estant de tous les plans qui quittent leurs feüilles ceux qui sont les plus propres pour cela.

Mais il se peut planter des arbres parfaitement beaux qui gardent leurs feüilles l'Hyver, & qui resistant aux rigueurs des gelées, nous font joüir d'une verdure perpetuelle. Tels sont en ce climat pour les arbres de marque, les Chesnes verts, les Lieges, les pins, les Sapins, les Pinastres, les Cedres, les Cyprez, les Lauriers, les Arbousiers, le Laurier-rege; & pour les pallissades ou bordures, le Boüis, le Savinier, le Genevre, le Houx, toutes les especes de Phileres & d'Alaternus, le Pirachanta, le Seselly Etiopique, & le Romarin. Les climats plus chauds se peuvent servir, outre ceux-cy, de toutes les especes d'Orangers & de Citroniers, de tous les Mirthes Laurier, Tin, Rododaphne, Lentisques, vrais Sicomores, Oliviers, palmiers, Cassiers, Sebestes, Mirabolans, & plusieurs autres. Il faut prendre garde, specialement aux plans toûjours verds, de ne pas les méler dans vos pallissades, les uns parmy les autres ; mais vous planterez tout un allignement, de Boüis, de Houx, de Genévre, & ainsi des autres especes, faisant les plus longs traits de ceux que vous aurez plus commodement, & les cabinets & les autres allignemens plus petits de ceux qui sont plus rares ; cette diversité bien ordonnée donnera de la grace à l'ouvrage & du plaisir à la veuë, par la diversité des verds qui composeront les pallissades, plantées chacune de plans differens. C'est de cette maniere que se peuvent faire les grandes allées & les avenuës, tant celles que vous voudrez planter d'arbres pour les faire couvertes, que les autres où vous ne voudrez que des pallissades, ou de hauts Espaliers aux costez. Il ne faudra les laisser monter qu'à mesure que le bas sera bien fourny, car c'est par le pied qu'il doit commencer à estre bien formé, le laissant monter par années à mesure qu'il épaissit, & si par negligence il estoit monté, laissant le bas dégarny, il le faut rogner plus bas, afin qu'il s'épaississe, la beauté de ces pallissades estant d'avoir le bas & les costez bien garnis. Quant à l'épaisseur de la pallissade, deux pieds suffiront, la forte tige du plan demeurant au milieu, & elle se rendra bien garnie, si dés le commencement elle est tonduë avec soin tant par le haut que par les côtez. Les arbres de marque, comme les Ormes ou les Tilleux, destinez pour couvrir les allées qu'on veut faire couvertes, doivent estre plantez à neuf pieds l'un de l'autre, ou à douze tout au plus; Et entre-deux il faut planter du menu plan pour former la bordure ou pallissade, la laissant croître d'an en an, jusques à ce qu'elle ait atteint la hauteur de quatre ou cinq pieds, où il les faudra arrester : vos allées en seront plus belles, que si vous la laissiez monter plus haut, parce qu'elle vous ôteroit trop de veuë. Les rigoles ou fossez se doivent faire plus larges & plus profonds en mauvaise terre, qu'en la bonne, & aux gros arbres qu'aux petits; & ils ne le seront pas trop quand vous le ferez de six pieds de large, & de trois de profondeur, les plus larges estant toûjours les meilleurs. Quant à ce qu'on doit observer touchant le temps, & l'estat de la Lune, nous en avons parlé cy-devant; Et il ne nous reste plus icy que d'avertir ceux qui voudront avoir bien-tôt du plaiſir de leurs plans & de leurs boſquets, de ne leur épargner ny les labours, ny les arroſemens dans la ſaiſon qui y ſera convenable.

CHAPITRE XV.

De l'aſſiette des Iardins à l'égard du plan de terre.

JUSQUES icy on s'eſt tellement arrêté à l'aſſiette égale & unie, qu'on a dédaigné toutes les autres, & même quand on ne l'a pas trouvé commodement, on a mieux aymé ne faire point de Jardin. Elle y ſied à la verité fort bien, parce qu'on peu s'y étendre & s'agrandir ſelon tout l'eſpace; outre que les promenoires s'y rencontrent plus faciles que dans les aſſiettes montueuſes, ou inégales, où la nature du lieu vous contraint & vous arreſte, cependant on peut trouver en celle-cy d'autres plaiſirs & d'autres commoditez qui ſont fort à eſtimer, & qui conviennent à la nature de quelques plantes, dont les unes veulent l'ombre, d'autres un fort ſoleil ; & d'autres eſtre appuyées par des murailles, ou avoir leurs racines parmy leurs pierres, ce qui ſont des commoditez qui ſe trouvent dans les aſſiettes inégales. Il y a encore un grand plaiſir à voir d'un lieu élevé les parterres qui ſont en bas, leſquels en paroiſſent plus beaux, & en ſont mieux diſcernez ; car la diſpoſition de tous les Jardins eſtant regardée d'enhaut d'une ſeul veuë, il ne paroît qu'un ſeul parterre, dans lequel tous les ornemens ſont diſtinguez & vous jugez par-la de la bonne correſpondance qui eſt entre les parties, ce qui ne ſe peut faire dans une aſſiette égale, où tous les corps élevez vous arreſtent la veuë.

Ceux donc qui ſe trouveront ſi heureuſement ſituez, qu'ils pourront entreméler l'une & l'autre aſſiette, auront un grand avantage; car ils joüiront de la diverſité que l'on doit deſirer en cecy, auſſi bien que dans les autres choſes, & des beautez & commoditez qui ſont en l'une & en l'autre ſituation. Mais il ſera beſoin d'obſerver de la ſymetrie, ce qui eſt difficile & de grand coût quand la nature n'y contribuë pas, comme il arrive dans l'aſſiette inégale: car les remuemens des terres, ſoit à ôter ou mettre, sont importans ; outre que creusant profondement en terre, vous trouvez quelquefois des difficultez dans la disposition des lieux mal-aisés à corriger : comme au contraire vous vous mettez aussi quelquefois à couvert des dangers & des intemperies de l'air & des vents & vous augmentez au Soleil sa force, par les moyens que nous avons dit, & par la reverberation de ses rayons, qui sont renvoyez par la hauteur des terrains.

CHAPITRE XVI.

De la forme des Jardins.

LES formes carrées sont les plus pratiquées aux Jardins, soit celles du carré parfait, ou de l'oblong, quoy qu'il y ait une grande difficulté entre eux. Les lignes droites qui s'y trouvent & qui rendent les allées longues & belles, & leur donnent une perspective agreable sont la principale cause de ce choix. Mais je ne suis pas d'avis que s'arrestant tout-à-fait à ces lignes droites, quelque beauté qu'elles ayent, on n'y entremêle aussi des rondes, & des courbes & parmy les carrés, des obliques, afin de trouver la varieté que la nature demande.

C'est une chose fort ennuyante de voir presque tous les jardins partis seulement en lignes droites, les uns mis en quatre carrez, les autres en neuf, & les autres en seize. Les autres formes parfaites trouveront aussi leur lieu & leurs graces dans les Jardins, si elles sont disposées selon la nature du lieu; Et comme il se trouve souvent contraint par des montagnes, par des rivieres, ou d'atres empéchemens, qui font des angles pointus ou obtus, il faut y accommoder les formes parfaites qui doivent commencer aux lignes qui contraignent la place. Lors même qu'on ne sera nullement contraint, il sera bon quelquefois de changer cette forme carrée si commune, en une des autres, ou l'entremêler selon qu'elles conviennent. La triangulaire estant doublée fait l'Exagone; l'octogone procede de la carrée,& la Pantagone seule ou accompagnée d'une autre, ne laisse pas d'avoir sa perfection dans les jardins, comme dans les autres ouvrages où elle est souvent employée. Mais comme ces choses dépendent de l'invention, & de l'adresse du Dessinateur, nous luy en laisserons le soin & le choix, l'avertissant seulement icy de prendre garde que tous les promenoirs ayent communication l'un avec l'autre, afin de n'estre pas obligé, de revenir sur ses pas ; ce qui est une chose tres-ennuyeuse, & à laquelle il faut bien prendre garde

---

CHAPITRE XVII.

Des Allées & longs promenoirs.

LES Allées sont necessaires aux Jardins, tant pour servir de promenoirs, que pour l'usage & le besoin des choses qui y sont plantées : Le tour du Jardin & la division principale en doivent estre faits, & c'est par-là que l'on marque fort à propos les formes & les espaces, pour les herbes & pour les plantes, ou pour les ouvrages, les parterres, & les bosquets. Elles doivent estre proportionnées en leur largeur avec leur longueur, & la hauteur de leurs bordures ou palissades ;

Et pour cet égard il faut encore faire difference des allées couvertes d'avec celle qui sont découvertes, afin de trouver cette grace agreable qui s'y doit rencontrer, de laquelle on ne peut donner de mesure juste, qui ne puisse s'étendre à plus ou moins. Mais comme nous connoissons que le couvert qui nous enferme, & qui ôte le grand air, fait sembler l'espace plus grand, que quand l'air & la veue sont libres, il faut que les Allées couvertes ayent moins de largeur par proportion à leur longueur que les découvertes, outre qu'elles sont plus faciles à couvrir estant étroites. Les hautes palissades au contraire vous contraignent les côtez, si vous n'avez une largeur suffisante pour regarder aisément leur hauteur, & voir l'air qui vient d'enhaut; & à celle-cy il faut une grande largeur, sur laquelle la hauteur de la palissade doit encore estre mesurée, luy donnant les deux tiers de la largeur de l'Allée.

Si les longues routes, & les allées des bois & des campagnes, passent à trois ou quatre cens toises de long, elles doivent avoir sept à huit toises de large, pour estre belles & magnifiques ; & elles doivent eſtre plantées à double rang de chaque côté, à deux ou trois toiſes de diſtance, ainſi que d'arbre en arbre, choiſiſſant ceux qui viennent hauts & bien touffus comme Cheſnes, Ormes, Tilleus, ou autres de grand ombrage, ſelon que demandera le terroir. Si vous les voulez d'arbres fruitiers, ſans avoir tant d'égard à l'ombrage qu'à la recolte, comme de Noyers, ou de Chaſtaigners, un rang de chaque côté doit ſuffire, à pareil éloignement les uns des autres, que l'allée ſera large ; Et même les arbres qui ne portent point de fruits, eſtant grands, ſont fort beaux à voir en cette diſtance, chacun gardant ſa forme.

Quant aux allées des Jardins, les plus grandes ſont ſuffiſamment larges de cinq toiſes, s'ils n'ont plus de deux cens toiſes de long. Quatre toiſes ſuffiſent à celles de cent cinquante : trois toiſes & demie à celles de cent : trois à celles de cinquante : & deux toiſes & demie à celles de trente, cette même largeur eſt propre pour le tour du Jardin, & pour les longs promenoirs. Les autres plus proches du centre du Jardin, doivent diminuer de largeur, comme elles ſont racourcies. Les grandes Allées eſtant garnies d'eſpaliers, ou de hautes bordures, qui ôtent tout-à-fait, ou en partie, la veuë du jardinage; elles doivent eſtre accompagnées de contre-allées de la moitié de leur largeur ou un peu moins, pour ſervir de promenoirs à découvert, & pour la commodité des eſpaces de jardinage qu'elles environnent. Elle doivent auſſi regler la proportion des autres allées traverſantes, qui les joingnent, ou qui compartiſſent l'eſpace ; Et ſi dans ces eſpaces il ſe fait des planches par roſes, ou gloires, ou d'une autre forme, les voyes d'entre-deux doivent eſtre proportionnées ſelon ces planches, donnant à la voye le tiers ou le quart de la largeur de la planche : Ou bien ſi c'eſt un compartiment de paſſement par terre, qui ſerve de voye, elles doivent auſſi eſtre proportionnées à tout le parterre, & de telle largeur qu'elles ſoient autant pour le ſervice comme pour la beauté, y ayant plus de danger à les faire étroites que larges, dautant que les bordures qui les forment & qui les environnent, croiſſent & épaiſſiſſent.

CHAPITRE

CHAPITRE XVIII.

Des Parterres.

LES Parterres ſont les embelliſſemens du bas des Jardins. Ils ont une grande grace, principalement quand ils ſont vûs d'un lieu élevé. Ils ſont compoſez de bordures de pluſieurs arbriſſeaux & ſous-arbriſſeaux de diverſes couleurs, façonnez de manieres differentes, de compartimens, de feüillages & de paſſemens moreſques, arabeſques, groteſques, guillochis, roſettes, gloires, targes, écuſſons d'armes, chiffres, & deviſes : Ou bien par planches, ſe rencontrans ſur des formes parfaites, ou approchantes, on y employe des plantes rares, des fleurs & des herbages plantez en ordre ; ou faiſant des pelouſes épaiſſes, d'une ou pluſieurs couleurs, en forme de tapis de pied. On employe encore dans les voyes, ou dans le champ vuide, des ſables de couleurs differentes, qui y ſiéent fort bien ; & quelquefois on peut dans les allées même faire des compartimens & des guillochis, laissant une partie d'icelles parée, & l'autre herbuë.

Les corps relevez y ont aussi un grand agréement, aussi-bien que dans le reste des Jardins ; & ils donnent un grand soulagement par leurs couverts & leurs ombrages. Ils marquent & partissent les espaces, retenant en partie la veuë, & l'arrestant pour estre considerez, & faire considerer les autres ouvrages qu'ils environnent. Ils sont faits pas allées ou galleries, couvertes d'arbres, ou faites en berceaux ou plats fons, avec de la charpenterie ou des gaules de bois mort, que le feüillage recouvre. On fait aussi des salles, chambres, & cabinets couverts en dôme ou tiers points, en forme de corps de logis & de pavillons, avec leurs portes & fenestrages, ornez d'une architecture bien observée, & entretenuë par le liage & la tondure. On peut même y employer d'autres corps plus importans, de maçonnerie ou de charpenterie, qui serviront encore de promenoirs & de logemens couverts de plomb ou d'ardoise, s'ils sont faits en terrasse, ils seront d'une beauté d'autant plus grande que l'Architecture en ſera exquiſe. On pourra les orner au dedans & au dehors de peintures & de ſculptures, & ils ſerviront commodement à mettre à couvert les orangers, & les autres arbres & plantes rares qui craignent le froid, dont ils ne ſe trouveront pas moins embellis que des choſes feintes.

Les fontaines ornées d'architecture & de ſculpture, les grouppes de figures de marbre ou de bronze, les grandes colomnes & les piramides, les baluſtrades & les perrons, tiendront auſſi lieu dans les Jardins d'une grande beauté parmy les corps relevez. Les ſimples paliſſades même & les hayes d'appuy de bocages & de feüillages, ne laiſſeront pas d'eſtre eſtimées, toutes unies & n'ayant autre artifice que la tondure; mais elles le ſeront bien davantage, quand elles ſeront enrichies & formées d'ornemens d'architecture. Les ſeuls arbres s'ils ſont de formes excellentes, ou diſpoſez avec ordre, feront auſſi un beau Relief dans le Jardin; mais ſur tout les orangers dans leurs caiſſes, & les autres arbres à fleurs dont il ſe trouvera orné.

CHAPITRE XIX.

Des embelliſſemens que l'on donne aux Jardins, par le moyen de l'eau.

NOUS avons déja dit que l'eau eſt tres-neceſſaire aux Jardins pour l'arroſement & le rafraîchiſſement de la terre, quand les pluyes tardent trop à l'humecter. Mais elle leur ſert auſſi d'un grand ornement, particulierement l'eau vive & courante en ruiſſeaux, & celle qui boüillonne ou jaillit dans les fontaines, cette vivacité, & ce mouvement ſemblant eſtre l'eſprit le plus animé des Jardins. Il ſe trouve encore des eaux, qui pour n'avoir une ſi grande vivacité ne feront pas inutiles, pour ce point, ſoit qu'ils ayent leur ſource dans le lieu même, ou que coulant des lieux plus élevez, elles viennent croupir dans le Jardin. En ce cas, afin qu'elles ne morfondent pas la terre, il faut creuſer des canaux où elles s'égouteront & s'aſſembleront, &

ainſi elles ne ſeront ſans grace & ſans beauté, elles donneront même de la commodité pour y nourrir du poiſſon, ce qui ſera un embelliſſement d'autant plus grand, que c'eſt un plaiſir de voir les poiſſons s'apprivoiſer, & ſuivre ceux qui les appellent, autant que leur demeure leur permet, cherchant & recevant d'eux leur nourriture, qu'ils prennent juſques à la main: & la commodité n'eſt pas petite de trouver à propos, quand il vous plaît une ſi bonne proviſion pour la cuiſine.

Or pour dire en quel lieu du Jardin les canaux doivent eſtre ſituez, & de quel forme & grandeur ils doivent eſtre faits, on ne le peut univerſellement; cela dépend de la nature du lieu & des eaux, & en partie de celuy qui ordonne le Jardin, ſans que nous en puiſſions donner de regles certaines. Nous dirons ſeulement que la plus grande eau ſemble la plus belle; neanmoins il ſera bon qu'elle n'efface pas par ſa grandeur les autres beautez du Jardin; mais les proportionnant les uns aux autres, il faut chercher l'accord & l'union de toutes les parties. Nous diſons auſſi que pour la ſanté de la famille il n'eſt pas bon que les eaux, (ſur tout celles qui ne ſont point courantes) ſoient proches du logis, car elles cauſent de mauvaiſes vapeurs trop humides, & quelquefois de corrompuës & de puantes : les ſerpens & les grenoüilles s'y nourriſſent, & il s'y engendre d'autres ſaletez par le limon & la chûte des feüilles des arbres. Il eſt neceſſaire que les canaux ſoient révêtus ; car autrement la terre s'éboule. Ils le peuvent eſtre, non ſeulement de muraille bâtie avec de la chaux & du ſable, mais auſſi à pierre ſeche, laquelle ne laiſſe d'eſtre belle & de durée.

Si les canaux eſtoient ſituez en ſorte que l'eau pût s'écouler en des lieux plus bas, ce qui eſt un moyen de les rendre plus nets & plus ſains, il faudroit les révêtir tout autour avec de la terre peſtrie, à quoy la plus argilleuſe & la plus graſſe eſt la meilleure; & cela retiendra l'eau, juſqu'à ce que par une bonde & petit canal vous la laiſſiez couler. Si l'abondance d'eau eſt grande, & qu'il ſoit beſoin de pluſieurs canaux pour la contenir & l'égouter, l'ornement en ſera d'autant plus beau, ſi les diſpoſant par ſymmetrie vous laissez des espaces de terre entremélez, où pourront estre des parterres, des allées, ou d'autres corps relevez, situez agréablement entre ces eaux, en forme d'isles.

Mais l'eau des rivieres & des ruisseaux courans est bien plus à priser, car elle est plus belle, & d'autant plus saine qu'elle est rapide, & le poisson y est meilleur. Or si cette rapidité, ou quelquefois la profondeur de l'eau empêchoit qu'on ne pût détourner le canal, que l'on voudroit mettre en un lieu plus convenable, il faut que l'intelligence de l'ouvrier supplée, trouvant des beautez qui s'accommodent à la nature des choses qui vous arrétent, & que vous ne pouvez forcer.

C'est pourquoy en matiere d'embellissemens des Jardins, les petits ruisseaux sont plus à desirer que les grandes rivieres, y ayant plus de moyen de les enjoliver, soit en les bordant d'enrichissemens, ou pavant leur fonds de cailloux, ou de sables, avec lesquels vous l'unissez & mettez à telle hauteur que bon vous semble, n'y ayant pas moins de plaisir à voir le fonds bien ordonné que l'eau même,

Et d'ailleurs le poiſſon qui eſt veu de plus prés donne d'autant plus de plaiſir : vous détournez auſſi ou ſeparez plus facilement le petit ruiſſeau, & vous en formez non ſeulement des canaux en lignes droites ; mais auſſi vous en faites de courbes & de repliez, des compartimens & des guillochis, & même des lacs, ſi la nature du lieu n'y repugne.

Quant aux fontaines, ſi l'eau ſort en boüillonnant, au lieu même que vous la ſouhaitez, c'eſt un grand avantage & une grande épargne ; & cette ſorte de fontaine n'eſt pas ſans une grande beauté, qui eſt duë principalement à la nature, car il n'y faut pas tant d'artifice qu'aux autres, & cette eau que vous regardez la veuë baiſſée, n'a pas peu de grace, comme eſtant une choſe naturelle & toute ſimple. On fait cependant un grand cas des Fontaines jalliſſantes, que l'on peut embellir de grands enrichiſſemens d'architecture, polie ou ruſtique, de figures de marbre ou de bronze, par diverſes inventions & ordonnances, qui feront un grand ornement aux Jardins, quand elles ſortiront de l'invention & du deſſein d'un bon Architecte & d'un Sculpteur preur habile, desquels il se faut servir pour ce sujet. Or comme rarement les Fontaines se trouvent naturellement jaillissantes, & moins encore dans les lieux où l'on les desire, il est besoin de les chercher autre part, choisissant celles qui sont bonnes & abondantes, & les sources situées plus haut que le lieu où l'on veut qu'elles jaillissent ou qu'elles versent. Il y a divers moyens de les conduire, & l'on employe diverses matieres à faire les canaux propres à y servir; mais le plus souvent on les fait de pierre, de terre cuite, de plomb, ou de bois; il les faut enfoncer en terre, pour conserver la fraîcheur de l'eau durant l'Esté, & pour l'empêcher de se glacer durant la rigueur de l'Hyver. Si l'on trouve de la commodité à conduire les eaux de niveau pendant une partie du chemin, avec une pente suffisante, c'est le moyen le plus assûré de les conserver bonnes, & les canaux n'endurent pas un si grand effort, que quand l'eau tombe ou qu'elle coule avec plus de pente. Il faut aussi considerer la quantité d'eau qui peut estre fournie par la source, afin de faire les canaux d'un diametre convenable à la faire couler, & ne donner à l'ornement de la Fontaine, lieu d'en écouler davantage, ny moins auſſi. Que ſi la ſource eſtoit trop abondante, il en faut laiſſer une partie, ou l'employer autrepart; car les canaux ſouffrent du trop; ils en éclatent & ſe mettent en pieces: Ainſi le moins de diſtance qui ſe trouvera entre le lieu où vous laiſſez le nivau de la ſource, & la fontaine ornée, ſera le meilleur, pour avoir moins de tuyau qui ſouffre on endure grand' peine. Quand il y a beaucoup de pente, l'eau coule d'autant plus facilement; mais s'il y a peu de pente, il faut le canal plus ſpacieux, afin que l'eau ne rempliſſant entierement l'air luy ayde à couler. Il y a des eaux qui coulant ſous terre, ſeroient preſtes à ſortir au dehors; mais trouvant celle de la ſurface facile à penetrer, elles s'écoulent par dedans juſques aux lieux les plus bas. Pour les trouver plus hauts il faut faire une tranchée aux lieux d'où il y a apparence qu'elles deſcendent, & cela ſe connoît par les plantes aquatiques, qui croiſſent naturellement dans ces côtaux, ou par les vapeurs qui s'élevent de terre le matin, plus épaiſſes qu'ailleurs.

Ordinairement on trouve ces sources en terre, qui coulent sur un lit de glaise, ou de terre grasse qui l'empêche de penetrer plus bas. La source estant trouvée, ou plusieurs, vous les assemblez, & les environnez d'un rempart de terre grasse, pour sçavoir la quantité d'eau (la faisant couler par un seul tuyau) & pour connoître si elle pourroit monter plus haut; car quelquefois par ce moyen on gagne de la hauteur; laquelle estant trouvée il faut niveler, pour voir combien vous avez de pente jusqu'au lieu oû vous la voulez conduire, un pouce de pente suffisant pour sept ou huit toises de longueur.

Il nous faut maintenant dire un mot des canaux par lesquels on peut conduire les eaux des Fontaines. Le meilleur que l'on puisse choisir est un canal de pierre conduit de niveau, assis sur une maçonnerie bien fondée, & un canal bien cimenté & construit au Printemps; n'y faisant couler l'eau qu'aprés l'Esté, lors qu'il sera bien seché à l'ombre, de crainte qu'il ne fende par la trop promte secheresse. On fait d'autres canaux de grés, ou d'autres terres propres à Potier, qui doivent eſtre bien cuits & revêtus de maçonnerie, & leurs piéces emboitées l'une dans l'autre, avec du ciment de chaux & de brique, ou du ciment à feu. D'autres canaux ſont faits de plomb en table, ſoudant avec ſoin la jointure qui eſt ſur la longueur, & l'emboiture des pieces auſſi, ou bien le faiſant avec du ciment à feu; ils ſeront encore meilleurs eſtant auſſi revêtus de maçonnerie. On en fait de plomb fondu, jetté dans des moules, & par la fonte fort chaude on joint les pieces les unes aux autres : ils peuvent eſtre auſſi tirez par la filliere, les reduiſant à telle épaiſſeur qu'on deſirera. Les moindres canaux ſont faits de bois, lequel eſtant coupé par pieces d'une toiſe de long, on les perce avec des tarieres, & on les emboite l'une contre l'autre par une virolle de fer, qui tranche des deux coſtez, & qui entre dans les deux pieces; où eſtant emboitées l'une dans l'autre, l'extremité qui recouvre eſt liée d'une frette de fer: On employe à ceux-cy toute ſorte de bois, qui en peu de temps perd les mauvaiſes qualitez qu'il pourroit avoir, donnant odeur, ſaveur, ou couleur à l'eau. Ceux qui ne peuvent ſervir à la charpente, comme l'Aune, Bouleau,

& d'autres de peu de valeur, y servent utilement l'eau les conservant sous terre, quand ils ne prennent air : mais le meilleur bois y est toûjours le meilleur, comme les jeunes Chesnes ou les Chastaigners.

CHAPITRE XX.

Des Grotes.

LES Grotes sont faites pour representer les Antres sauvages, soit qu'elles soient taillées dans les rochers naturels, ou bâties expressément autre part : aussi sont-elles ordinairement tenuës sombres, & en quelque façon obscures. On les orne d'ouvrages rustiques, & de choses convenables à cette maniere, comme de pierres spongieuses & concaves, d'especes de rochers, & de cailloux bizarres, de congelation & de petrifactions étranges, & de diverses sortes de coquillages, qui par leurs formes & leurs couleurs bien ordonnées font de beaux enrichissemens ; les goutieres & rejaillissemens d'eau, y sont encore propres & bien-ſeans, rendant les choſes plus naturelles.

On peut même avec les eaux faire mouvoir des machines, à l'ayde deſquelles on voit marcher des figures, joüer des inſtrumens de muſique, ſiffler & chanter des oyſeaux, & d'autres animaux contrefaits; Enfin des arbres & des plantes y ſont moulés, formez & peints, comme s'ils étoient au naturel, mais les figures de ſculpture, de marbre ou de bronze, faites de la main d'excellens ouvriers, apportent ſur tout une grande grace & un grand ornement à ces lieux ſoûterrains: & même la ſtructure eſtant diſpoſée en ordre d'architecture ruſtique, ou mêlée de la polie, elle augmenteroit davantage la beauté du travail, comme ſi la nature & l'art s'efforçoient à l'envy d'embellir ce lieu ruſtique. On peut même y poſer des tableaux de peinture, ou peindre à freſc contre les murailles des ſujets qui y conviennent. Les peintures que nous appellons groteſques, ont eſté inventées par les Anciens pour ce ſujet; & il s'en voit encore aujourd'huy dans quelques antiquitez ſoûterraines, où ſont contrefaits des animaux & d'autres repreſentations de formes & de geſtes extravagans, les uns naturels, & d'autres contre nature, pour rendre ces lieux d'autant plus bizarres.

CHAPITRE XXI.

Des Volieres.

LES Volieres donneront aux Jardins un embelliſſement particulier, par les diverſes formes & inventions dont elles ſeront conſtruites, par les differens oyſeaux qui y ſeront mis, par la diverſité de leurs chants & de leurs ramages, & ſpecialement par la conſideration de leur naturel, qui y peut eſtre plus facilement reconnu, que quand ils ſont en liberté. Il eſt important qu'elles ſoient en partie couvertes, & en partie découvertes, afin que les oyſeaux qui n'ont pas le moyen d'aller chercher les climats & les retraites qui leur ſeroient propres, trouvent ſous le couvert quelque ſoulagement contre la rigueur des ſaiſons, & qu'ils joüiſſent auſſi en partie de l'air qui leur eſt plus particulier qu'à toutes les autres creatures. Leurs cages doivent eſtre opposées au Septentrion, pour recevoir moins de froid. Il faut encore qu'un ruisseau naturel, ou artificiel passe dedans, ou une autre eau belle & claire pour abreuver & baigner les oyseaux; & que des arbres y soient plantez, pour déguiser d'autant plus leur prison, & leur servir de perches, sur lesquelles ils puissent voltiger.

CHAPITRE XXII.

De la distinction des Iardins de plaisir, & des Iardins utiles.

QUelques-uns ont distingué de quatre ou cinq sortes de Jardins. Ils ont mis les ouvrages de compartimens moresques, & les autres embellissemens bas dans les parterres; ce qui est proprement leur place; Mais ils en ont fait un Jardin à part, qui seroit sans doute trop plat & trop nud, s'il n'étoit accompagné d'autres corps relevez qui y conviennent: ils en ont fait un autre des plantes que l'on mange, qu'ils ont nommé Potager: Un autre des fleurs, qu'ils ont appellé Bouquetier:

Un autre des arbres fruitiers, qu'ils nomment Verger : Et un des herbes medecinales ; sans compter d'autres manieres de Jardinages qui pourroient bien tenir leur rang, s'il estoit besoin de separer chaque sorte à part.

Ces sortes de distinctions seroient propres pour des particuliers, qui exerceroient des professions conformes à ces differences ; comme le Jardin medecinal, à un Apoticaire ou à quelqu'un qui enseignast la Medecine ; le Bouquetier, à ceux qui vendent les bouquets pour les festes & les nopces ; le Potager pour les Jardiniers de Paris, qui en font si bien leur profit, & ainsi des autres. Mais si nous voulons faire des Jardins qui soient pour donner du plaisir & de l'utilité tout ensemble, ils ne seront pas de la portée des gens de basse condition ; mais seulement des Princes, des Seigneurs, & des Gentils-hommes aisez : car les beaux Jardins se font & s'entretiennent avec dépense, & il n'y a que ceux des Jardiniers qui remboursent leurs Maîtres des frais qu'ils y font, encore faut-il estre en lieu de bon debit.

Pour faire donc un beau Jardin qui convienne à des gens de qualité, il est certain que les diversitez dont on a parlé, estant entremélées & bien ordonnées, font un embellissement plus grand par leur varieté, qu'elles ne pourroient estant separées. On n'entend pas pourtant qu'on les broüille ensemble, en les entremélant confusement; mais il faut en jugeant du rapport ou de la repugnance que les choses ont ensemble, qu'on les approche ou éloigne, faisant des arbres & des plantes les ornemens ausquels ils seront propres, & s'en servant ainsi qu'il appartiendra; car la plus-part de ces embellissemens ne sont point sans quelque beauté & sans quelque grace particuliere, qui sied bien quand elle est bien appliquée.

Que si le Prince ou autre Grand faisoit divers Jardins, pour ne laisser les fruits à l'abandon des gens de sa suite, il suffira de les separer en deux; l'un pour le plaisir & la beauté, qui aura pour partage les fontaines enrichies, les canaux & les ruisseaux enjolivez, les grottes & les lieux soûterrains, les volieres, les galleries ornées de peinture & de sculpture, l'orangerie, les allées & les promenoirs les plus propres, couverts ou découverts, les pelouses & preaux pour les jeux de ballon & les autres exercices du corps, en un mot, les bosquets & les autres corps de relief, bien disposez aux environs des parterres, ou entremélez par dedans, ainsi qu'il conviendra : dans les planches & dans les espaces du parterre seront les fleurs & les plantes qui y pourront donner grace, soit les medecinales, ou servant aux salades, qui ont de belles qualitez, pour les embellissemens, & font des tapis de belles couleurs. Les plantes qui portent fleurs, & qui viennent plus hautes qu'il n'est seant au dedans des parterres, seront mises en bordures, ou le long d'icelles, si leur pied se trouvoit dégarny; ou bien elles seront plantées une à une pour servir au relief, ainsi que l'ordonnance du Jardin l'exigera.

Dans l'autre Jardin seront les arbres fruitiers, plantez par lignes le long des allées & des principaux compartimens, qui formeront de grands espaces pour les herbes potageres, & les autres portans fruits bons à manger, qui veulent grand air & grand Soleil, comme les melons. Ce Jardin ne demande pas une étenduë moins grande que l'autre, & elle a même besoin d'un meilleur fond, parce qu'estant bien cultivé de labourage & d'amelioration, il donnera aux arbres & aux plantes toute la nourriture qui leur conviendra. On pourra mettre dans ce Jardin les Pepinieres, & les lieux de provision de toutes sortes de plantes, l'amas des fiens necessaires, les couches, les atteliers d'ouvriers, les magasins de bois, d'osiers, de clayes, d'ais, & des autres ustensiles & ferremens, sous des galleries & couverts, le lieu pour recüeillir & serrer les semences, les couvertes & les retraites des plantes qui craignent le froid, & pour la garde des fruits, les fours pour les cuir, les demeures & petites ménageries des Jardiniers dans des cours separées.

Ce Jardin ne sera pas aussi sans des ambellissemens artificiels, car il y aura des allées couvertes en berceaux, ou en plats-fons, plantées de muscats ou d'autre vigne exquise, ou de verjus, on fera des espailliers & des hayes d'appuy, d'autres arbres fruitiers, qui ont besoin de culture & d'amelioration. L'arrangement des autres plantes apportera aussi un grand ornement par leurs formes & leurs couleurs differentes, si elles sont bien disposées. Les courges & les citroüilles feront même des couverts, ayant besoin d'estre soûtenuës & élevées ; les Artichaux, & les autres grandes plantes feront des bordures : les petits fraisiers même feront des labirintes & des guillochis, d'autres des tapis de pied fort agreables, & chaque chose estant plantée en planches bien ordonnées donneront un grand plaisir.

Ce Jardin ne doit pas aussi estre sans eau, en ayant beaucoup plus de besoin que l'autre ; & si naturellement, ou par artifice, elle ne peut estre située si haut, qu'elle puisse couler d'elle-même dans les endroits du Jardin qui en auront besoin, il faudra y creuser des puits, ou de quelque autre maniere faire provision d'arrosement ; car ce seroit sans raison que nous demanderions un soleil fort & vigoureux, si nous n'avions l'eau commode pour rafraîchir & pour humecter la terre, quand elle sera trop échauffée & trop dessechée. Or si la quantité d'arbres fruitiers, requise & si utile, demandoit plus de terre qu'on n'en pourroit employer en Jardinages d'herbes pour manger, ou de legumes, on peut y semer du lin & du chanvre : Mais plusieurs espaces seront remplis plus à propos de diverses especes de vigne, bien choisie, tant pour en recüeillir du vin, que pour avoir en la saison des raisins à manger, & pour en garder provision, cuits, ou crus, car ce n'est pas un des moindres fruits dont on doive faire cas. Ces espaces de vigne seront environnez d'arbres, qui ne portent guere d'ombrage, la vigne n'ayant besoin que du sien propre, pour lequel la Nature l'a pourvûë de son pampre, & de ses larges feüilles: ainsi les Amandiers & les Peschers, les petits Cerisiers & les Grenadiers, y seront employez, comme aussi les Figuiers, parce que tous ces arbres s'accommodent bien ensemble, quand ils sont tenus bas, aymant tous un grand labourage. Pour défendre encore mieux cette vigne, il sera bon de l'environner d'une bordure ou haye d'appuy, laquelle estant treillissée de bois mort, la vigne s'y attachera, ou bien si elle est plantée de rosiers, ils participeront avec les arbres au labourage de la vigne, & rendront en odeur & en d'autres proprietez le fruit & la recompense du soin qu'on prendra d'eux.

CHAPITRE XXIII.

Des Espaliers.

POUR achever ce traité, il nous reste à parler des Espaliers, qui ne servent pas seulement à l'embellissement & à l'ornement des Jardins, mais qui sont aussi d'un grand profit & d'une grande utilité. On en dresse, parce qu'au Printemps il arrive souvent des matinées fraîches & des gelées blaches, causées, soit par la fraîcheur de la terre ou par le vent du Nort, qui gâtent les fleurs les plus hâtives & les plus delicates, comme sont celles des Abricotiers, & de toutes sortes de Peschers, & même de quelques Poiriers, nous privant ainsi du plaisir & de la satisfaction que nous aurions euë de leurs fruits. Afin donc de prevenir ces inconveniens qui sont assez ordinaires, on s'est avisé de chercher des abris contre des murailles, qui par leur hauteur & leur épaisseur garantissent du mauvais vent, & qui recevant les rayons du Soleil augmentent la force de la chaleur : Et les arbres plantez contre ces murailles, treillissez & ajustez convenablement sur des perches qui y sont attachées, sont ce qu'on appelle Espaliers; parlons maintenant de la maniere dont ils doivent estre faits.

Il faut premierement choisir un mur de clôture, qui ait le Soleil Levant & le Midy, & qui soit bien fait & élevé au moins, s'il est possible, de douze pieds de haut; car plus il est haut, plus long-temps il sert à cét usage d'Espaliers. De toise en toise de largeur il le faut garnir de trois crochets de fer, attachez l'un au dessus de l'autre, l'un à un pied de distance de terre; l'autre à cinq, le troisiéme à dix, & ce dernier débordant du mur trois doigts plus que les autres pour le sujet que nous dirons cy-aprés.

Secondement il faut faire une tranchée d'une toise de largeur en la prenant du pied du mur, & de quatre pieds de profondeur, dans l'Esté si cela se peut; & la laisser ainsi ouverte deux ou trois mois, afin que le fond puisse joüir de la chaleur du Soleil, & de l'humidité des pluyes. Au commencement de l'Automne il faut remplir cette fosse de la même terre, si elle est bonne, en l'amenl'amendant encore avec du fient bien consommé, où si elle n'est pas toute bonne, ôter celle qui est mauvaise, comme la terre argilleuse & le sable jaune ou rouge, & y en remettre d'autre apportée d'ailleurs : Car si l'on plante en mauvaise terre, ou qui ne soit point amendée, les arbres ne prennent qu'avec peine, & ils sont comme en langueur sans pouvoir profiter; du moins ils en croissent lentement.

Les arbres qu'il y faut planter, sont ceux qui sont les plus tendres au froid: comme les Abricotiers, toutes sortes de Peschers, soit venans de noyau, soit entez ou sur leur propre espece, & sur pruniers, Abricotiers & Amandiers, diverses especes de Pruniers ; plusieurs sortes de Poiriers, qui doivent estre entez sur Epines ou sur Coignassiers, pour demeurer nains: des Figuiers, & les autres qui seront de même temperament, ou qu'on desire avancer.

On les peut planter en deux saisons, sçavoir en Automne & au Printemps. On peut preferer l'Automne, parce que la terre a encore quelque chaleur, & que les arbres ont du temps avant la rigueur de l'Hyver, pour commencer à lier leurs racines avec la terre ou au moins pour s'accommoder avec elle, afin d'en tirer aide pour se défendre contre le froid. Pour cét effet il les faut prendre dés qu'ils commencent à se dépoüiller de leurs feüilles, & en les plantant les arroser une bonne fois, si la terre est séche : Et alors on peut se dispenser de les tailler, sur tout s'il y a de grosses branches à ôter, parce que le grand froid survenant, & trouvant de si grandes playes, ponrroit penetrer au dedans, & faire mourir l'arbre, ou du moins l'incommoder grandement. Il vaut mieux attendre vers la fin de l'hyver à en retrancher ce qui est convenable. Que si l'on plante au Printemps, il faut planter les arbres hâtifs, comme les Abricotiers & les Peschers, plustôt que les tardifs, comme Poiriers, & Figuiers, & les tailler, & couvrir la playe de cire, de poix raisine, ou d'autre chose semblable, afin que la chaleur ne la saisisse, & ne l'empéche de se recouvrir.

Il ne les faut planter ny plus profondément que d'un pied, sur tout en lieux froid & humide, ny plus prés les uns des autres que de quinze pieds, parce qu'autrement leurs branches se toucheroient incontinent & se confonderoient, & elles ne porteroient pas tant de fruit : l'experience faisant connoître qu'un arbre étendu à son aise, portera plus de fruit, que quatre qui s'entrepressent & se couvrent les uns les autres.

Au mois de May que les chaleurs commencent à venir, il faut la premiere année aprés que la terre aura esté labourée, la couvrir toute s'il est possible, de quatre doigts d'épaisseur avec de la fougere amassée dés l'année precedente, où avec de la paille, ou du foin, ou d'autre chose semblable, pour conserver la fraîcheur aux nouveaux plants. Si l'année se trouve séche & chaude, il faut arroser assez abondamment de quinze en quinze jours pardessus la fougere même, & sans l'ôter; Car il vaut mieux en donner ainsi beaucoup & peu souvent, que d'y retourner deux fois la semaine, ce qui ne fait qu'abbattre la terre & la durcir. Vers la Saint Jean il sera bon de détourner la fougere, & de donner un autre labour, en se donnant soigneusement garde de toucher aux racines des arbres : parce que le labour tient la terre plus fraîche en ouvrant ses ports, & y faisant entrer l'air : Et cela fait, il faut remettre la fougere, & recommencer la même chose à la fin de Septembre.

Cette même année il faut laisser pousser aux plants tout le bois qu'ils voudront, sans les blesser & les alterer en leur ôtant leurs jets, au moins y doit-on aller avec une grande discretion & retenuë : mais il n'est pas bon de leur laisser porter fruit, parce que cela les avorte, & les empêche de pousser du bois. Il faut aussi laisser les jets libres, sans les liers & violenter : Et même il n'est pas besoin de dresser l'Espallier, parce que le bois ne feroit que se pourrir inutilement aux pluyes. Mais la seconde année si les plans ont beaucoup poussé, ou la troisiéme sur la fin de l'Hyver, avant que les bourgeons des arbres poussent, il le faut dresser, & y lier doucement les rameaux des arbres, en les élargissant & les êtendant convenablement en forme d'évantail, & en retranchant les petites branches du dedant, qui ne peuvent ny pousser de beau bois, ny se tourner en bourgeons à fruit, il faut aussi continuer à labourer la terre quatre fois l'an, sçavoir au Printemps, à la Saint Jean, à la fin de Septembre, & au commencement de l'Hyver.

En labourant il faut prendre garde

d'enterrer le collet de la greffe du Poirier ou du pommier enté sur Coignassier, parce qu'il pourroit prendre racine, & croîtroit puissamment comme un arbre franc, sans qu'on le pust retenir nain.

Quand les Espaliers sont en fleur, il arrive quelquefois des gelées du matin, & ensuite de grandes ardeurs du Soleil qui broüissent les fleurs, & font perir le fruit. Il faut prevenir le mal par le moyen des plus hauts crochets, dont j'ay parlé, débordans du mur plus que les autres. Car en attachant des perches de l'un à l'autre, & à ces perches des toiles qui se couleront jusqu'au bas, sans toucher les fleurs & les fouler, on sauvera le fruit.

Il n'est pas bon de laisser noüer du fruit aux bouquets de fleurs qui viennent par fois à la pointe des branches, tant parce qu'elles sont foibles, que parce que la séve qui y monteroit seroit détournée du bas & du milieu des branches, qui sont proprement le vray lieu où le fruit doit croître.

Les Espaliers estant en leur beauté; il faut pour les y conserver autant qu'il se pourra, prendre garde aux bourgeons que les arbres poussent, soit vers le pied, soit vers les premieres branches qui se divisent, & y laisser ceux qu'on jugera les plus propres pour reparer & pour entretenir le bas de l'arbre en sa beauté. Il est bon même d'avoir toûjours des arbres de toutes les especes, plantez en terre dans des paniers & des manequins; afin que si par hazard un des Arbres de l'Espalier vient à mourir, on puisse aussitôt y en remettre un autre déja tout repris, qui poussant autant selon sa portée que les autres de l'Espalier, n'en défigure pas si fort la grace & la beauté, qu'un autre qui auroit à prendre terre avec un long-temps.

Traité des Tulipes & de la maniere de les faire panacher.

DE tous les divertiſſemens que l'homme peut embraſſer dans la malheureuſe neceſſité qu'il a d'en avoir quelques-uns par leſquels il puiſſe rafraîchir ſon eſprit & reprendre des forces, il n'y en a point de plus innocens ny de plus legitimes, que ceux qui ſe prennent dans les pures & les ſimples productions de la nature, & il n'y en a gueres où ces deux caracteres ſe rencontrent plus avantageuſement que dans celuy de la culture & de la connoiſſance des fleurs. C'eſt dans leur production que la nature ſemble avoir encore conſervé quelque reſte de l'innocence & de la pureté de la premiere création; & l'on peut dire, que ceux qui s'occupent à les cultiver, non pas par un eſprit de curioſité humaine; mais pour y admirer Dieu dans ſes ouvrages & le loüer dans ſes creatures s'employent en quelque maniere à l'occupation qui avoit eſté donnée à noſtre premier pere dés les premiers momens de ſa création; puiſque l'Ecriture nous apprend qu'il fut mis dans le Paradis terreſtre (qui ſelon quelques-uns n'étoit qu'un beau Jardin) pour le garder & pour y travailler.

Son peché nous a non-ſeulement privez de ce lieu, auſſi-bien que noſtre innocence ; mais encore il a répandu des tenebres ſi épaiſſes ſur l'entendement de ce pere commun, que d'une vaſte connoiſſance qu'il avoit de toutes choſes, il ne nous a laiſſé qu'un deſir inquiet de reparer la perte que nous en avons faite, par de nouvelles notions aprés leſquelles nous ſoûpirons tous les momens de noſtre vie. C'eſt ce deſir qui fait que nous ne prenons jamais les choſes ſimples, comme elles nous ſont offertes par la nature, & que nous nous efforçons toûjours d'aller plus loin qu'elle, & d'ajoûter quelque choſe à ſes productions. C'eſt ce deſir qui a fait que tous ceux qui ont cultivé des fleurs ont attendu avec impatience l'ordre & le temps qu'elle a eſtablis pour les voir dans leur perfection : En un mot, c'eſt luy qui les porte à travailler avec ſoin à anticiper ce temps, & à donner par leur induſtrie de la beauté aux fleurs qui n'en avoient pas aſſez à leur gré.

Je ne veux que la Tulippe pour un exemple demonſtratif de cette verité, depuis que cette fleur a paſſé dans nos climats, elle a merité l'admiration & les ſoins de tous ceux qui s'addonnent aux fleurs. On a vû que n'ayant qu'une couleur dans ſon fond elle en chargeoit cependant pluſieurs dans ſa cloche ; mais avec une diverſité ſi rare, avec une diſpoſition ſi ſurprenante, de traits, de lignes, de fleurons, & un coloris ſi peu imitable ; qu'il sembloit que tant de merveilles devoient arréter la curioſité la plus entreprenante, & qu'il y avoit de la temerité à vouloir ajoûter quelque choſe à tant de beautez, & à donner de nouveaux traits à un ouvrage qui paroiſſoit ſi finy. Cependant on a fait violence aux regles que la nature avoit gardées à travailler à ce chef-d'œuvre des fleurs, & l'on a crû qu'on pourroit reüſſir à panacher ces fleurs & plus proprement, & plus agréablement qu'une ſi ſage ouvriere.

L'on n'a juſques à preſent obtenu preſqu'autre choſe de ce deſſein que quelques experiences, qui n'eſtant pas dépourveuës de raiſons phiſiques, ſemblent nous promettre un moyen aſſuré pour arriver à ce ſecret. En voicy les principales.

Il faut remarquer d'abord que la Tulippe n'eſt pas une fleur originaire de noſtre terre & née ſous noſtre climat, Elle vient de la Turquie, qui eſt un pays chaud & ſec ; & comme c'eſt le terroir natal de ces fleurs, elles y croiſſent plus fortes que dans nos quartiers, y ayant pour l'ordinaire deux pieds & demy de haut & les feüilles fort grandes & vertes comme des choux, elles n'y portent leurs fleurs que d'une couleur, mais vive & chargée, & les panachées y ſont tres-rares.

C'eſt la relation que nous en font ceux qui ont eſté en acheter en ce pays-là. On tranſporta d'abord de ces fleurs en Flandres, & de Flandres on en fit paſſer dans noſtre Royaume, comme ces Contrées ſont plus froides & plus humides que la Turquie, elles y ont moins crû ; mais on y en a veu plus communement de panachées, que dans le pays d'où on les avoit apportées.

On a tiré de là cette conſequence infaillible, que la fraîcheur & l'humidité contribuënt à faire panacher les Tulippes. Cette obſervation a eſté appuyée par une ſeconde experience, c'eſt que ſi vous mettez les Tulippes dans une terre bien preparée & biẽ expoſée au

Soleil, elles y deviennent (comme toutes les autres fleurs) belles, fortes & bien nourries, mais elles y panachent tres-rarement & y portent plus ordinairement des couleurs uniques & ſimples. Si vous uſez d'un regime contraire elles croîtront plus foibles, plus baſſes moins vertes ; mais auſſi vous en aurez des panachées en plus grande quantité : De ſorte qu'il faut conclure de cette experience, que leur foibleſſe & leur défaut, eſt leur beauté, ſemblable en cela à ces viſages à qui la foibleſſe ou la longueur de la maladie donne des agrémens qui leur manquent dans un parfait enbonpoint, & dans une pleine & vigoureuſe ſanté.

On confirme ces obſervations par une troiſiéme experience qui n'eſt pas d'une preuve moins indubitable que les autres. C'eſt que pour l'ordinaire il n'y a que les vieilles Tulippes qui panachent, & ſi on ne les conſerve ſoigneuſement, elles meurent peu de temps aprés avoir panaché; ce qui fait que les plus belles Tulippes ſont tres-difficiles à conſerver.

La raiſon de ce panachement eſt, que la Tulippe eſtant foible & comme épuiſée par ſes differentes productions, l'Oignon ne fait plus de la nourriture qu'il suçoit de la terre le même arrangement & la même disposition; Ainsi il ne peut plus produire une fleur uniforme dans sa couleur; sa foiblesse se connoît à la voir pousser hors de terre; car cet oignon jette des feüilles plus courtes & plus étroites, plus pointuës & plus jaunes qu'à l'ordinaire, une tige basse, delicate, avec un bouton vert qu'elle soûtient, mais si chetif, que ceux qui ne s'y connoissent pas le prennent pour un avorton; C'est cependant le miracle de la nature, car alors employant ses derniers efforts pour suppléer à la foiblesse de l'oignon, elle emprunte du fond de la Tulippe les couleurs qui semblent y estre en reserve pour les dernieres necessitez, & elle pousse ces couleurs dans le corps de la fleur, où prenant la place de la couleur naturelle qui y tombe en défaut elle fait cet admirable ouvrage, qu'on peut appeller son coup de desespoir, puisqu'elle y couche de son reste, & qu'elle s'y épuise tellement que jamais les Tulippes qui sont le plus belles, ne montent en graine aprés cet effort; mais souvent elles meurent. La nature semble en cela garder dans cette fleur le même ordre dont elle nous donne de ſi illuſtres exemples dans d'autres ſujets. Les dernieres lueurs d'un flambeau prés de s'éteindre ſont les plus brillantes, comme les moins durables ; & jamais le Soleil ne ſe couche dans ſes beaux jours qu'il ne ſe faſſe regarder davantage dans ſes derniers rayons qu'il ne fait preſque dans toute ſa courſe, & qu'il ne ſe faſſe deſirer dans ſes derniers momens par ceux même dont il eſtoit comme ignoré dans ſa force ; En quoy noſtre fleur luy eſt ſemblable, puiſqu'elle n'eſt jamais tant l'objet de la curioſité des hommes & le ſujet de leurs deſirs que quand elle eſt ſur le point de leur manquer tout-à-fait.

Puiſqu'il eſt donc conſtant que la fraîcheur du ſolage, & la ſterilité de la terre qui affoibliſſent la Tulippe, contribuent à la faire panacher; & que ſa vieilleſſe qui eſt une foibleſſe de nature y eſt, pour ainſi dire, une diſpoſition, il eſt indubitable, que ſi l'on peut luy procurer cette vieilleſſe en avançant ſa foibleſſe par quelque artifice, on obtiendra le ſecret de la faire panacher, avec cet avantage qu'elle durera plus long-temps panachée que quand on laiſſe faire la nature, puiſque ſa vieilleſſe n'eſtant qu'anticipée n'aura pas les mêmes disgraces que celle qui procede du défaut de la force naturelle, selon l'agreable pensée de cet Ancien, qui disoit que pour estre vieux long-temps, il falloit commencer à l'estre de bonne-heure.

Pour cet effet voicy une methode que chacun peut accommoder à ses experiences particuliers, & qui consiste presque toute dans la preparation de la terre où vous voulez mettre vos Tulippes.

Il faut ôter des planches qu'on destine à mettre les oignons environ un demy pied de terre en profondeur, & en la place de cette terre ôtée y mettre au fond la hauteur de quatre doigts de sable, non pas de celuy de Riviere; car il est trop sec, trop aride; mais de quelque sablon un peu plus humide, & achever de remplir le reste de la place d'une mauvaise terre sablonneuse & legere qui soit passée. Sur la fin du mois d'Octobre mettez vos oignons dans cette terre, en sorte que l'oignon soit couvert de trois doigts de terre, & suivant la situation de vostre planche seche ou humide, arrosez vos oignons tous les quinze jours, plus ou moins, excepté quand il gele, car alors il ne faut point arroser.

Si vous voulez faire encore quelque chose qui dispose plus promtement vos Tulippes à panacher, vous pouvez aprés avoir accommodé vostre terre au temps qui a esté marqué, & avant que d'y mettre vos oignons, l'arroser d'urine tous les jours pendant le mois d'Aoust & la faire bécher deux ou trois fois auparavant que d'y mettre les Tulippes. On a approuvé qu'elles en panacheront plûtôt; mais si vous y mettez trop d'urine, il s'en pourra perdre quelques-unes.

Voila pour la proportion de la terre; Quant à la Tulippe, la disposition la plus promte qu'on puisse luy donner se fait de cette sorte. Il faut laisser monter la Tulippe en graine, laisser venir la graine à maturité, & l'année suivante planter l'oignon dans la terre sabloneuse; car l'oignon estant affoibly par ce moyen, panache promtement.

On le peut encore affoiblir en le changeant tous les ans de situation; & le mettant une année au bout d'un Jardin, & la suivante en un autre bout, tantost en lieu humide & tantost en lieu sec: car si on le laisse toûjours en un même endroit, il s'y accoûtume & y prend trop de forces, & par consequent panache plus rarement.

Ce qu'il faut ajoûter à tout cela, c'eſt de la patience, afin de ne pas perdre courage, ſi vous ne réuſſiſſez pas de la premiere fois dans voſtre deſſein; mais de perſiſter une ſeconde fois, & même une troiſiéme; puiſque la ſatisfaction qu'on a de voir panacher des plantes entieres, ſurpaſſe de beaucoup l'inquietude qu'on s'eſt donnée & la peine qu'on a priſe pour les diſpoſer à cela; & puis vous obtenez avec abondance & avec diverſité ce que la nature ne vous donne qu'aprés un temps plus long, en un petit nombre & avec beaucoup moins de varieté.

Si ce ſecret ſemble foible, parce qu'il a peu d'apparence, c'eſt par là même qu'il doit eſtre conſideré, puis qu'il approche de l'ordre que Dieu tient dans la production des choſes, où il fait ſervir les plus ſimples à la creation des plus fortes, & qu'il fait mieux paroître ſa puiſſance (ſelon la penſée d'un Philoſophe Payen) dans une Fourmis que dans un Elephant: auſſi devons-nous proteſter avec l'Apôtre, que ce n'eſt point l'ouvrage de l'homme qui plante & qui arroſe; mais de Dieu, qui donne le progrés & l'accroiſſement.

FIN.

A PARIS,
De l'Imprimerie d'ESTIENNE CHARDON.

TABLE DES CHAPITRES contenus en ce Livre.

Fin de la Table des Chapitres.

www.ingramcontent.com/pod-product-compliance
Lightning Source LLC
LaVergne TN
LVHW012005220826
846092LV00001B/245

9782329794877